# 강박증에 시달리는 아동을 도우려면

마음이 아픈 아동을
위한 책

# 강박증에 시달리는 아동을 도우려면

부모, 교사, 아동전문가를 위한
**가이드북**

글
마곳 선더랜드

그림
니키 암스트롱

번역
편 집 부

한국심리치료연구소

강박증에 시달리는 아동을 도우려면

발행일 · 2007년 9월 15일
지은이 · 마곳 선더랜드와 니키 암스트롱
옮긴이 · 이재훈 외
펴낸곳 · 한국심리치료연구소
등록 · 제 22-1005호(1996년 5월 13일)
주소 · 서울시 종로구 적선동 156 (광화문플래티넘 918호)
Tel · 730-2537, 2538 Fax 730-2539
http://www.orips.net E mail: orips@orips.net

ISBN 978-89-87279-69-5 74180
ISBN 978-89-87279-51-0(전19권)

**국립중앙도서관 출판시도서목록(CIP)**

강박증에 시달리는 아동을 도우려면 / 글: 마곳 선더랜드 ;
그림: 니키 암스트롱 ; 번역: 이재훈 외.
서울 : 한국심리치료연구소, 2007
p. ; cm

원서명: Helping children who are anxious or obsessional
원저자명: Sunderland, Margot
참고문헌 수록
ISBN 978-89-87279-69-5 74180
ISBN 978-89-87279-51-0(세트)

183.2-KDC4 CIP2007002711

# 목 차

글쓴 이, 그린 이, 옮긴 이

가이드북의 활용 7

들어가면서 9

이야기의 내용 9

이야기의 주된 심리적 메시지 9

이 이야기의 대상이 되는 아동 10

내면이 너무 불안하다고 느끼는 아동의 삶은 어떤 것인가? 12

불안한 감정으로서의 걱정 13

윌리와 같은 아동은 왜 그렇게 불안하게 느끼는가? 14

죠와 같은 아동의 삶은 어떤 것인가? 36

왜 죠와 같은 아동은 흔들리고, 뒤섞이고,
엉망인 것을 갈망하는가? 36

왜 죠와 같은 아동은 긴장을 풀지 못하는가? 40

죠와 같은 아동이 도움을 받지 못한다면 어떤 삶을 살게 될까? 49

아동에게 '너무 반듯한 죠'를 읽어준 다음 무엇을 할 것인가? 50

불안하거나 긴장을 풀지 못하는 아동을 위한 상담과 치료 65

추천도서 67

참고문헌 68

이 가이드북은 마곳 선더랜드의 동화, **꼬마 깡패 아롬이**와 함께 활용하여야 한다.

## 글쓴 이

**마곳 선더랜드**
런던 아동 정신건강 센터 소장. 영국 치료상담 협회 아동 및 청소년 분과 책임자.
런던 지역 초등학교를 대상으로 "상처가 있는 곳에 도움을"이라는 연구 프로젝트 수행.
통합적인 예술 심리치료사 공인 및 아동 심리치료 상담사, 감독, 훈련전문가 공인.

현재, 치료와 교육을 위한 예술대학 학장. 이 학교는 아동 심리치료사 자격증과 예술 심리치료 석사학위를 수여하는 공인된 교육기관임.

저서: 시집-「춤에 관하여」(루틀리지 출판사)
성인치료를 위한 매뉴얼,「당신의 감정을 그려 보세요」(스피치마크 출판사)

## 그린 이

**니키 암스트롱**
미술전공 석사. 현재, 런던 헴스테드 예술학교 교사.
순수미술 분야에서 국제적인 명성을 얻고 있음.

## 옮긴 이

**이재훈 Ph.D**
종교와 정신분석 분야 박사. 뉴욕 대상관계 정신분석 연구소 학술회원. 현 서울 대상관계 정신분석 연구소 소장. 한국 상담학회 정신분석 분야 감독. 한국 목회상담 학회 감독. 번역활동을 통해 한국에 대상관계 이론을 본격적으로 소개한 바 있으며, 정신분석 심리치료사 및 아동 심리치료사 양성에 힘쓰고 있음.

**이효숙 M.A. Ed**
서울대학교 미술대학 졸업
미국 일리노이대 미술대학원 미술교육 석사
대상관계 심리치료사

**박영란 M.Ed**
연세대학교 교육대학원 석사
대상관계 심리치료사

**임말희 DEA**
서울대학교 불어교육과 졸업
파리8대학 불문과 박사과정

# 가이드북의 활용

**너무 반듯한 죠**라는 동화가 가진 치료적 잠재력을 충분히 활용하려면, 그 동화와 짝을 이루는 이 가이드북이 꼭 필요하다. 우리는 아동에게 동화를 들려주기 전에 당신이 먼저 이 책을 읽어 볼 것을 강력하게 권고한다. 그러면 당신은 훨씬 더 필요한 지식을 갖춘 상태에서 아동에게 다가갈 수 있을 것이며, 보다 풍부하고 공감적인 반응을 해줄 수 있을 것이다.

이 가이드북은 동화가 담고 있는 문제와 주제들에 관련해서, 일반적인 심리학적 근거뿐 아니라 가장 적절하다고 여겨지는 심리 치료적 이론들을 상세히 설명하고 있다. 아동에게 동화를 읽어주기 전에 이 책을 읽는 것은, 아동이 그러한 문제를 갖게 된 원인에 대해 알지 못한 채, 또는 선입견을 가진 채 접근하는 것을 방지해줄 것이다. 예를 들어, '죠의 학교 성적이 떨어진 것은 분명히, 몇 달 전 집을 떠난 아빠를 그리워하기 때문일 거야'라는 추측은 정확할 수도, 부정확할 수도 있다. 학교에서 죠가 문제를 보이는 것은 미처 생각하지 못한 많은 다른 이유 때문일 수도 있다. 그 문제는 대부분의 심리적인 문제들이 그렇듯이, 아주 복잡한 것일 가능성이 많다. 닫혀있거나 아주 좁은 관점을 갖고 접근한다는 것은, 도움을 주려는 어른들이 세상에 대한 **자신의** 감정과 관점을 아동에게 투사할 위험이 매우 높다는 것을 의미한다.

의식적으로 아동에게 잔인한 부모는 매우 드물다. 부모 역할이 뭔가 잘못 되는 것은, 흔히 부모들이 아동 심리나 아동 발달에 대해 꼭 알아야 할 것들을 **모르고** 있거나, 부모 자신의 성장과정에서 결여된 것이 있기 때문이다. 아동 심리학, 심리치료 그리고 과학적 연구를 통해 얻어진 효과적인 자녀양육 방법과, 이에 대한 정보가 부모역할에 관한 책, TV, 혹은 간행물을 통해 부모에게 전달되는 것 사이에는 유감스럽게도 여전히 거리가 있다. 그러므로 이 가이드북의 목적은 부모들을 비난하기보다는 지원하려는 것이다. 보다 일반적인 목적은, 아동을 돌보는 사람은 **누구나**, 대개 최선을 다하는데도 불구하고, 때로 얼마든지 일을 그르칠 수 있다는 것을 인식시키는 데 있다. 그리고 또한, 어떻게 하면 처음부터 올바르게 아동을 도와줄 수 있는지, 일이 잘못 되었을 경우 어떻게 바로 잡을 수 있는지를 알려주는 데에 있다.

이 가이드북에는 동화가 담고 있는 문제와 주제들에 맞서 싸우고 있는 아동들의 진술, 그리고 그들이 놀이를 통해 자신의 문제들을 실연하며 만들어 낸 이야기들이 실려 있다. 그리고 **너무 반듯한 죠**를 읽어 준 후에 할 수 있는 여러 가지 이야기와 활동들을 제시한 부분이 포함되어 있다. 제시된 이야기와 활동들은, 아동이 동화가 담고 있는 특정 문제와 주제들에 관련된 자신의 감정을 생각해보고, 표현해보고, 나아가 소화시킬 수 있도록 특별히 고안되었다. 어떤 연습들은 아동이 자발적으로 자신의 이야기를 만들어 보게 함으로써, 그들의 감정에 대해 좀 더 표현하도록 격려하기 위해 고안되었다.

아동들은 자신이 느끼는 것을 일상적인 언어로 자연스럽게 말하지 못한다. 그러나 신뢰하는 어른들과 같이 있을 때에는, 자신의 감정을 보여주고, 실연하고, 그림이나 놀이로 매우 훌륭히 표현해낸다. 그러므로 이 가이드북이 제시하는 연습들은 대부분 아동이 창의적이고, 상상력이 풍부하고, 재미있는 방식으로 자신을 표현하도록 격려하고 있다. 또한 너무 많은 질문으로 아동의 정서적 삶을 심문하는 것을 피하기 위해, 어떤 연습들은 단지 네모 칸에 표시를 하거나, 가리키거나, 여러 개 중에서 단어나 그림을 고르도록 되어 있다.

# 들어가면서

## 이야기의 내용

윌리는 세상이 전혀 안전하지 않고 흔들리는 곳이며, 언제라도 나쁜 일이 일어날 수 있는 곳이라고 느끼는 불안한 소년이다. 대조적으로 옆집에 사는 죠는 지나치게 정돈되고 틀에 박혀서 삶을 즐기거나 편안히 쉬지 못하는 소년이다. 윌리는 뭔가 확고한 것을 갈망하고 죠는 뭔가 흔들리는 것을 갈망한다. 이들은 자신들이 경험하고 있는 것이 유일한 삶의 방식이라고 믿으면서, 그것에 익숙해지는 편이 더 낫다고 생각한다.

그러나 그들이 만난 플룹 부인은 그런 식으로 감정을 참을 필요가 없다고 말하면서, 공원에 있는 커다란 빨간 통 뒤에 사는 웅덩이 사람들을 찾아가라고 일러준다. 새로운 희망을 안고 윌리와 죠는 함께 빨간 통을 찾아 나선다. 그곳에서 웅덩이 사람들을 만난 윌리와 죠는 그들의 도움으로 굳어진 방식들을 깨고 훨씬 더 풍요로운 삶의 방식을 발견하게 된다.

## 이야기의 주된 심리적 메시지

☆ 자신에 대해 불안을 느낀다면, 세상에 존재하는 것 역시 불안해진다.

☆ 자신이 너무 엄격하고 단조롭거나 틀에 박힌 것처럼 느껴진다면, 세상에 대해서도 그렇게 느껴진다.

☆ 도움을 통해서 '작은 삶'을 깨고 나와, 보다 열린 방식으로 세상을 사는 것이 가능하다.

☆ 자신의 삶의 방식이 유일한 방식은 아니다. 원치 않는 삶을 참고 견딜 수밖에 없다는 생각은 옳지 않다. 변화는 가능하다.

☆ 어떤 관계경험은 기대 이상으로 삶의 방식을 확장시킬 수 있다.

☆ 특정한 삶의 방식에 고착된 사람은 그것이 삶의 전부라고 생각하기 쉽다.

## 이 이야기의 대상이 되는 아동

이 이야기는 윌리와 같은 아동을 위한 것이다.

☆ 불안한 아동

☆ 모든 것이 너무 흔들린다고 느끼는 아동

☆ 오래도록 불안을 느끼는 아동

☆ 너무 많이 걱정하는 아동

☆ 공포나 악몽으로 고통당하는 아동

☆ 평온함을 모르는 아동

☆ 집중하기 어려운 아동

☆ 뒤집힌 세상에서 살고 있기 때문에 불안한 아동

☆ 외상으로 인해 고통 받는 아동

그리고 다음은 죠와 같은 아동을 위한 것이다.

☆ 지루함을 느끼는 아동

☆ 걱정스러울 정도로 착한 아동

☆ 내면이 너무 잘 정돈되어 있거나 깔끔하다고 느끼는 아동

☆ 자신의 머리로 사는 아동

☆ '어지러운' 감정에 대처하기 위해서 질서정연하고 틀에 박힌 방식으로 살아가는 아동

☆ 세상에서 살아가기 위한 방편으로 무감각해진 아동

☆ 삶에서 너무 많이 느끼는 것을 두려워하는 아동

☆ 지나치게 강렬한 감정을 차단하기 위해 강박 충동적인 행동을 발달시킨 아동

☆ 작은 성인과 같은 아동

☆ 긴장을 푼 상태에서 즐거움을 느끼지 못하는 아동

우리는 윌리와 같은 아동을 먼저 다루고 나서, 그 다음에 죠와 같은 아동을 다룰 것이다.

# 내면이 너무 불안하다고 느끼는 아동의 삶은 어떤 것인가?

그녀의 삶은 돌고 돈다,
열기와 소음의 미로 속에서.
하지만 그녀의 영혼은 평화를 갈망한다.
(매튜 아놀드, **망자를 위한 기도**, 퀼러쿠치에서 인용, 1979)

아동은 내면의 불안한 감정을 공포, 정신 신체적 증상들, 강박충동적인 의례들, 야뇨증, 악몽과 같은 다양한 증상들로 나타낸다. 불안한 아동은 대개 집중력이 떨어진다. 내면이 너무 불안한 이들은 대개 안절부절못하는 것처럼 보인다. 이들의 내면세계에서 너무 많은 일이 벌어지고 있는 것과는 달리, 외부 세계에 대한 관심은 줄어든다. 그것은 불안한 감정들이 외부 세계에 대한 관심을 앗아가 버리기 때문이다. 불안한 어떤 아동들은 세상을 탐험하거나 모험을 하지 못하고, 잘 알고 있고 친숙한 대상인 부모나 집에 매달린다. 또 어떤 불안한 아동은 내면이 너무 흔들리는 바람에 감정의 긴장을 다룰 수가 없어서 난폭한 행동을 하기도 한다.

**그림 1** 윌리의 세계

나는 혼란스러운 감정에 압도되어 있었다. 그것을 나는 한바탕 두들겨 부수는 것으로 해소했다.
(리틀, 1990, p100)

어떤 아동은 자신이 누구인지 모르기 때문에 불안해한다. 그들의 자기감은 매우 부서지기 쉽다. 열 살인 토마스는 '여기 "나"라는 사람은 없어요. 그래서 모든 게 뒤죽박죽으로 느껴져요'라고 말했다. 그는 시간적 연속성을 지닌 자기에 대한 감각이 거의 없다고 호소했다. 그는 '나는 내가 어제나 지난주의 바로 그 토마스가 아닌 것 같아요'라고 말했다. 이러한 아동은 어디서나, 특히 스트레스 상황에서 안정감을 주는 중심적이고 조직적인 자기가 없는 것처럼 느낄 수 있다. 자신이 누구인지 모를 때에는 대개 자신이 어떻게 느끼는지도 알지 못한다. 이렇게 되면 주변에 있는 사람들의 감정을 느끼는 능력 또한 취약해진다. 한 예로 12살 난 폴리는 자신에 대한 확고한 감각, 즉 중심적이고 조직적인 핵심 자기가 없었다. 그래서 그녀는 TV를 보고난 후에는 잠시 거기에 나온 사람처럼 행동하곤 했다. 카우보이 영화를 보고나면 공격적이 되었고, 달콤한 러브 스토리와 코미디 프로를 보고 난 다음에는 들뜨고 명랑해졌다. 물론 자신이 누구인지, 그리고 무엇을 느끼는지를 모른다는 것은 매우 불안한 일이다. 불안한 아동 중 일부는 신변을 말끔하게 유지하지 못한다. 혼란스러운 감정으로 어지러워진 그들의 내면이 외부 삶에서 표현되기 때문이다. 그들은 뒤죽박죽인 상태를 편하게 느낀다. 그것이 그들의 내적 감정에 대한 거울이기 때문이다. 불안한 어떤 아동은 계속해서 혼란스럽게 반복되는 생각들과 순환적인 사고들 혹은 머리속에서 맴도는 다른 '목소리들'로 인해 고통을 당한다. 이것은 '마음의 소음'으로 알려져 있다. 마음의 소음은 감정과 사고의 분명한 인식을 어지럽히는 라디오의 방해파처럼 느껴질 수가 있다. 이것은 아동을 몹시 지치게 하며 집중력을 고갈시킨다.

어떤 사람들은 불안해하고 흔들리는 아동과 지내는 것이 매우 어렵다고 느끼는데, 이는 그들 또한 아동이 느끼는 모든 불안을 모두 느끼게 되기 때문이다. 아동의 불안이 가지고 있는 에너지는 분위기에 강력한 영향을 미친다. 그래서 불안한 아동은 도움을 받기보다는 기피되고 있다는 느낌을 받기 쉽다. 어떤 사람들은 시걸이 말한 대로, '자신들의 내적 혼돈으로 인해 주위의 사람들도 모든 것이 뒤죽박죽이라는 느낌을 갖게 만든다'(1985, p77). 너무 많은 불안과 걱정을 가지고 있는 아동은 '아무도 나처럼 뒤죽박죽인 아이를 다룰 수 없다. 그러니 차라리 나 혼자서 처리하는 게 낫다'하고 생각할 수도 있다. 때로 이것은 아동 자신이 너무 강렬한 감정들과 마음속의 혼란을 감당할 수 없어서 다른 사람들 역시 그럴 것이라고 추측하기 때문이다.

## 불안한 감정으로서의 걱정

> 어느 날 미스터 걱정은 산책을 나갔다. 그는 한편으로는 너무 멀리 가서 집으로 돌아오지 못할까봐 걱정이 되었고, 다른 한편으로는 충분히 걷지 않으면 운동이 부족할까봐 걱정이 되었다. 그는 걱정을 하면서 서둘러 갔다. 아니, 서둘러 가면서 내내 걱정을 했다. (Hargreaves, 1987, p11)

불안을 느끼는 많은 아동은 이 세상을 매우 염려스러운 곳으로 생각한다. 불안해하는 어떤 아동은 모든 것에 대해 걱정한다. 이들은 집에 대해, 학교에 대해, 친구가 떠날까봐, 병이 나거나 죽을까봐 걱정을 한다. 한마디로 이들에게는 평화가 없다.

불안해하는 일부 아동들은 자신의 가치감에 대한 걱정으로 가득 차 있다. '엄마가 나를 사랑할까?', '엄마가 나를 떠나버리지는 않을까?', '내가 시험을 망치면 엄마는 나를 사랑하지 않을까?' 끊임없이 생각한다. 다른 아동은 '엄마와 아빠가 헤어지는 걸까?' 혹은 '엄마가 죽는 것은 아닐까?' 하고 걱정한다. 밤중에 아빠가 심장발작을 일으키는 것을 보았던 한 소년은, 다음 날 공예 시간에 자신이 만든 '하트'(심장)를 고치려고 애썼지만 그것은 계속 부서졌다. 그것을 본 교사는 몹시 가슴이 아팠다고 말했다.

다른 아동은 엄마가 병이 나거나 사고를 당해 '손상을 입을까봐' 걱정한다. 엄마가 싸우다가 앞니 두 개를 잃는 것을 본 소녀는, 그 후 몇 주 동안 치료시간에 계속 입과 이빨을 그렸다. 상담자는 손상된 엄마로 인한 그녀의 슬픔과 걱정을 극복하도록 도와주어야 했다.

불안과 걱정은 대개 공포와 무서움 혹은 알 수 없는 두려움에 대한 방어이다. 1923년에 '불안은 두려움을 막아준다'고 말한 프로이트는 이것을 알고 있었다. 불안은 또한 사랑, 증오, 격노, 열망 등과 같은 강렬한 감정들에 대한 방어일 수도 있다. 이와 같이 강렬한 감정들은 그것이 주는 극도의 긴장감 때문에 아동에게 위험한 것으로 경험된다.

> 나의 생각들은 마치 엄마에게 제멋대로 하면서 자라는, 길들여지지 않은 아동과 같다. (세익스피어, **트로일로스와 크레시다**, III, 2, vv119 – 20)

## 윌리와 같은 아동은 왜 그렇게 불안하게 느끼는가?

### 성인으로부터 충분한 위로와 달래주기를 얻지 못했을 때

충분한 위로와 달래주기가 없다면, 아기들은 매우 불안하고 동요하는 자기를 발달시킬 수 있다. 아기들은 극도로 민감한 상태로 태어나며, 신체적으로뿐만 아니라 심리적으로도 매우 연약하다. 그들의 자기는 아직 통합되어 있지 않다. 연구에 따르면, 생후 일주일 쯤 후에 진정시켜주는 뇌 화학 물질인 엔돌핀이 다 떨어지고 나면, 아기의 스트레스 호르몬인 코티솔이 정상치를 훨씬 웃돌게 된다. 이때 그들은 심한 스트레스 상태에 있게 된다. 이는 아기들이 마치 '도와줘요, 도와줘요!'라고 말하고 있는 것과도 같다.

프로이트가 말했듯이, 아기는 '완성되지 않은 상태로' 태어난다. 신체와 마찬가지로 두뇌와 중추 신경계는 여전히 발달 중에 있다. 첫 몇 주 동안은 아기의 시력 또한 매우 흐릿하다. 대체로 아기의 자기는 통합되어 있지 않으며, 아주 쉽게 '떨어져나갈' 수 있다. 아기에게 기저귀를 갈아주거나 목욕을 시키거나 옷을 벗기고 있을 때를 생각해 보라.

아기가 필사적으로 울부짖는다는 것은 대개 부모가 아기들이 얼마나 예민한지, 아기를 돌보는 모든 활동들이 얼마나 섬세하고 서서히, 그리고 차분하게 행해져야 하는지를 모르고 있기 때문이다. 섬세하게 돌보지 못하면 아기는 쉽사리 파편화된 상태로 들어간다. 더구나 아기의 세계는 아직 감정들과 감각들 그리고 에너지의 세계이다. 아기는 사고를 통해서 경험들을 이해하고 정리하지 못한다. 그러므로 아기의 강렬한 감정 상태는 종종 그를 압도하는 위협으로 다가온다. 아기는 이러한 것들에 대해 도움을 받아야만 한다. 아기 혼자서는 결코 이것을 처리할 수 없다. 모든 아기들은 때로 욕구, 격노, 좌절 그리고 절망이라는 극도의 긴장으로 인해 자신들 내부에 '불이 나는 것'을 경험한다. 이때 아기들에게는 불을 꺼줄 '물'이, 즉 부드럽게 토닥여주고 포근히 안아주고 진정시켜주는 부모가 필요하다.

**아직도**

나는 당신에게로 돌진해
바로 당신 위에다, 온통 당신에게
나의 사랑과 울부짖음을 쏟아내지요
그런데도 당신은 거기에
아직도 서있지요.
당신의 바다
고요함으로 가득한 이 바다는
마치 나를 그리로 데려갈듯
마치 나를 그리로 데려갈듯

**마곳 선더랜드**

어떤 사람들은 '아기가 잠들 때까지 울게 내버려두라,' '늘 아기를 안아 올리면 아기의 버릇이 나빠진다, 울 때마다 아기를 안아주면 아이는 결코 떨어지지 못할 것이다,' '아기를 침대에서 같이 재우면 달라붙는 아이가 된다,' 혹은 '아기의 울음은 조종하기 위한 것이다'라고 말한다. 하지만 사실은 이렇다. 태아는 엄마의 일부일 뿐 자궁 밖의 세상에 대해서는 알지 못한다. 정신분석가인 마이클 발린트(1955)가 말했듯이, 아기는 엄마와의 '상호침투적인 혼합' 상태에 있다. 운이 좋은 아기들은 엄마의 따뜻한 피부로 둘러싸여 있다고 느끼고, 엄마의 가슴과 마음에 정서적으로 '안겨'있다고 느낀다. 즉, 그들은 자궁의 환경과 크게 다르지 않은 세상 안으로 태어난다.

운이 나쁜 많은 아기들은 따뜻하고 안전한 자궁에 담겨있다는 느낌으로부터 공포스러운 격리, 즉 아무 데에도 담겨있지 않고 붙어있지 않다는 느낌으로 옮겨가게 된다. 그것은 부모가 자궁의 환경과 외부 세계 사이에 연속성이 필요하다는 것을 모르고 있기 때문이다. 안아주거나 신체접촉 또는 위안을 주지 않고 오랫동안 아기를 방치하면, 아기는 타인의 신체에 직접 접촉함으로써 따뜻하고 안전한 세계를 되찾기 위해 필사적이 된다. 우리는 이것을 아기의 절박한 울음소리를 통해서 알 수 있다. 이러한 울음은 대개 생존을 위한 비상경보 또는 급박한 항의의 소리이다. 아기의 울음은 그 소리만큼이나 악영향을 미친다. 아기들은 시간에 대한 개념이 없기 때문에 부모가 몇 분 동안만 자리를 비워도 엄마가 영원히 가버린 것처럼 극도의 공포를 느낄 수 있다. 예를 들어, 엄마가 아기와 친밀한 시간을 갖다가 초인종 소리에 갑자기 자리를 비우는 경우가 있는데, 이때 아기는 초인종 소리와 엄마가 사라진 것을 연결 짓지 못한다. 그는 엄마가 사라졌고 영원히 안 올 수도 있다는 것만을 알 뿐이다. 프로이트가 말했듯이, 아기는 '일시적인 부재와 영원한 상실을 구별할 수 없다. 엄마가 시야에서 사라지자마자 아기는 마치 그녀를 다시 못 볼 것처럼 행동한다.'(1926 [1979, p330]) 그렇다면 아기가 긴장된 감정 상태에 있을 때, 엄마 역시 지나치게 강하거나 거슬리거나 난폭한 감정 상태에 있다면 어떻게 될까? 이럴 경우, 아기의 세상은 매우 두려운 곳이 된다. 왜냐하면 여러 면에서 아기는 아직도 태아처럼 엄마 신체의 일부분이기 때문이다. 아기는 엄마의 정서적인 에너지, 감정의 질, 움직임의 강도와 긴급함, 그리고 엄마의 '기분'에 지극히 민감하다. 유아-엄마에 대한 연구를 수행한 대니얼 스턴은 아기가 매우 민감하게 반응하는 활동 상태와 움직임의 특성을 가리켜 '생명력 정동(vitality affects)'이라고 불렀다.

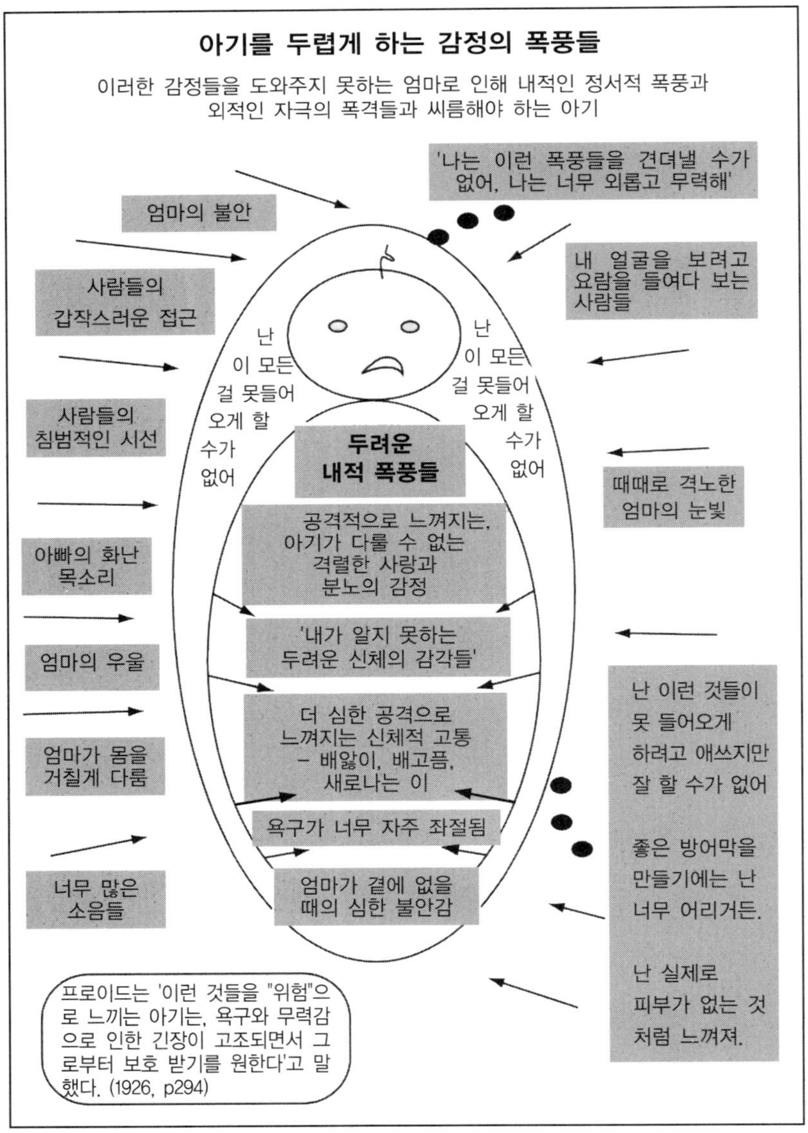


**그림 2** 아기의 두려운 감정의 폭풍들

> 정의하기 어려운 이러한 속성들은 '밀려오는,' '사라져가는,' '잠깐 지나가는,' '폭발적인,' '점점 강해지는,' '점점 약해지는,' '파열하는,' '이끌어내는'과 같은 말로 표현하는 것이 더 잘 와 닿는다. 유아는 이러한 속성들을 다른 사람들의 행동에서뿐만 아니라 내부로부터도 경험한다. 생명력을 나타내는 다양한 감정들은 부모의 다양한 행동들에서도, 즉 엄마가 아기를 들어 올리고, 기저귀를 갈아주고, 자신이나 아기의 머리를 빗어주고, 젖병을 향해 손을 뻗고, 블라우스의 단추를 푸는 방식에서도 드러날 수 있다. 유아는 이러한 감정들에 의해 흠뻑 젖게 된다. (스턴, 1985, p54)

엄마의 에너지가 차분하다면, 그것은 아기의 차분한 에너지가 될 수 있다. 아기는 그로 인해 깊은 안정감을 느끼고 때로는 행복감이나 평화를 느낄 수 있다. 엄마의 에너지는 아기 혼자서는 다룰 수 없는 내적 긴장 상태로부터 그를 진정시켜줄 수 있다. 그러나 그 에너지가 불안하고 혼란스럽거나 동요된 것이라면, 아기는 극도의 혼동을 경험할 수밖에 없다. 아직 방어의 사용이 불가능한 아기는 자신의 작은 신체-마음으로 엄마의 혼란스런 정서 에너지를 느낄 수 있으며, 종종 그것을 그녀가 느끼는 것보다 훨씬 더 크고 강렬하게 느낄 수 있다. 때로 그는 엄마의 난폭한 긴장으로 인해 소모되고 압도된다고 느낄 수도 있다. 우리가 바다에서 수영을 한다고 상상해 보자. 어떤 면에서 우리는 물과 결합되어 있으며, 우리는 바다의 일부이다. 그리고 이제 우리를 집어삼키는 거대한 파도가 밀려온다고 상상해보라. 이것은 마치 그런 상황과도 같다.(그림 2와 3을 보라.)

불안한 아이로 자라지 않기 위해서 아기는 자궁이라는 조화로운 환경을 필요로 한다. 그곳은 잔잔한 물로 이루어진 세계이다. 아기가 자궁으로부터 세상으로 나올 때, 즉 물과 결합된 존재(자궁 속에서)로부터 마른 대지 위의 분리된 존재로 옮

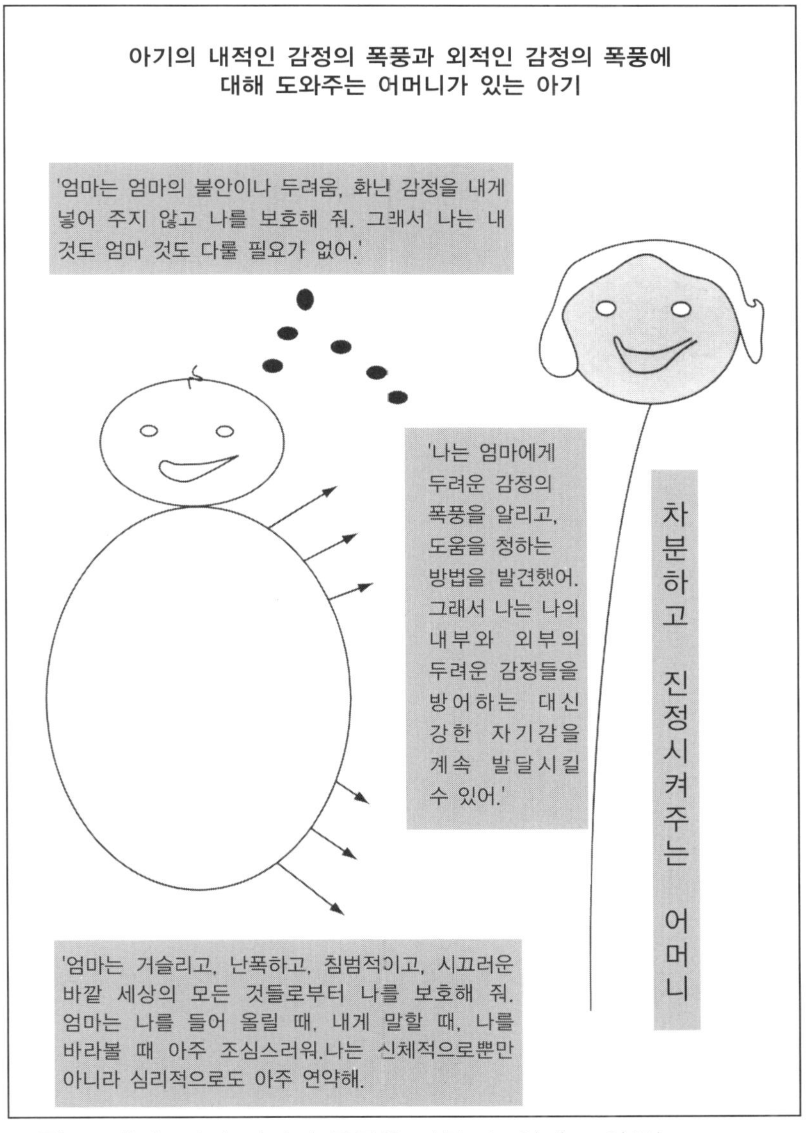


**그림 3** 내적, 외적 감정의 폭풍을 다룰 수 있게 도와주는 엄마가 있는 아기

겨갈 때, 아주 부드러운 변화를 필요로 한다. 충격이나 갑작스러움, 또는 '딱딱한 모서리' 처럼 느껴지는 어떤 것도, 그 과정을 방해해서는 안 된다. 마찬가지로, 아동이 불안한 사람으로 자라지 않으려면 심리적으로 충분히 강하고 차분한 누군가에 의해 반복적으로 위로를 받을 필요가 있다. 그들의 불안한 마음과 신체는 어른의 차분함 및 안정감과 융합될 필요가 있다. 그들은 반복적으로 그들을 달래줄 수 있을 만큼 충분히 평화로운 어른에게서 위안을 듬뿍 받는 행복한 경험의 수혜자가 되어야 한다.

> 우리가 아기였을 때 우리를 안아주었던 그들의 자신감과, 우리의 불안한 자기를 그들의 평온함과 융합하도록 허용해주었던 그들의 안전감은 – 잔잔한 목소리 또는 그들의 편안한 신체와의 접촉을 통해서 – 우리의 삶에서 고요함으로 간직될 것이다. (코헛 & 월프, 1978, p417)

엄마가 깊은 안정감을 갖고 있지 못하면, 그래서 아기가 진정시켜주고 안아주고 달래주는 엄마에 의해 정서적으로 '하나로 모아지는' 경험을 한 적이 없다면, 그리고 **그녀의** 힘과 **그녀의** 고요함의 일부로서 자신을 느끼고 융합된 적이 없다면, 아기는 자연스런 고요함이나 진정한 내적 평화를 발견할 수 없을 것이다. 실제로, 진정시켜주는 어른과의 지속적이고 반복적인 경험은 아동이 깊고 영속적인 안정감을 갖게 만든다. 이것은 아동의 뇌에서 화학물질이 균형 있게 분비되도록 하는, 평생 지속되는 효과를 낳는다. 많은 신경생물학적 증거들이 이런 사실을 뒷받침한다(쇼어, 1994; 시겔, 1999; 팬크셉, 1998을 보라).

이런 식으로 부모에 의해 '하나로 모아지는' 경험을 하지 못한 '흔들리는 아동'은 때로 '그들을 하나로 모아줄' 대상이나 의례행위로 이끌린다. 한 예로, 매우 흔들리고 불안한 소년인 로버트는 매일 학교에서 문 옆에 있는 똑같은 자리에 앉아서 칠판지우개를 꼭 쥐고 있어야만 안심이 된다고 말했다.

> 엄마에게 안겨 있지 않을 때, 아기는 빛 또는 소음과 같은 지속적인 감각자극들에 몰두할 것이다. 나는, 폭풍으로 요동치는 배 위에서 수평선에 시선을 고정시키려고 애쓰는 사람처럼, 생후 몇 달 동안 벤에게는 고정되어 있는 물체 역시 중요하다고 느꼈다. (Glucksman, 1987, p348)

가정에서는 충분한 위안을 얻지 못했지만 학교에서 다른 사람에게 위안을 얻었던 매우 불안한 한 소년의 예가 있다.

**죠지, 6세**

매우 불안해하는 죠지는 과잉행동장애로 진단을 받았다. 그는 교실에서 교실로 뛰어다니거나 마루에 몸을 던지고는 '놀랬지! 나야!'라고 말하곤 했다. 물론 이런 행동은 수업을 방해했고 그래서 그는 벌을 받았다. 오랫동안 아무도 그와 말하려고 하지 않았다. 아무도 '네가 우리에게 무엇을 말하고 싶은지 궁금해'라고 말해주지 않았다. 그의 엄마는 우울했다. 그는 못되게 굴 때 외에는 결코 엄마의 관심을 끌 수 없었다.

다행히도 죠지는 어느 날 학교에서 베티라는 다정하고 위안을 주는 한 여자 선생님을 만났다. 죠지가 점점 더 안절부절 못하는 것을 보고서 베티는 그를 들어 올려 무릎에 앉혔다. 죠지는 안기고 싶거나 기분이 언짢을 때는 항상 베티에게 가기 시작했다. 과잉행동을 통해 외치는 죠지의 '나 좀 봐주세요! 나 좀 봐주세요!'라는 소리를 들어주자 그의 과잉행동은 멈추었다. 죠지는 베티가 자신을 진정으로 보아주고 위안을 준다고 느꼈다.

## 아동은 부모의 불안을 물려받는다

만일 아동이 지나치게 불안하거나 예측할 수 없는 부모와 고통스런 상호작용을 한다면, 그는 세상을 (적어도 부분적으로) 불안을 야기하는 곳으로, 그리고 삶을 기본적으로 불안한 것으로 마음속에 그릴 것이다. (이러한 고통스런 상호작용을 보상하거나 완화시킬 수 있는, 차분히 달래주는 인물이 없는 경우에는 더욱 그러하다.) 달리 말하면, 그는 자신의 불안한 부모가 그렸던 것과 똑같은 방식으로 세상에 대한 그림을 그리게 된다. 즉, 견고하고 고정되고 영속적인 것이 아무것도 없는 곳, 언제 무슨 일이 벌어질지 모르는 곳, 은유적으로 말해서, 모든 것이 모래나 유리파편 위에 세워져 있는 보호받지 못하는 곳으로 그리게 된다.

걱정이 많은 부모를 가진 자녀들은, 세상은 두렵고 위험한 곳이라는 부모의 메시지(언어적 혹은 비언어적)에 의해 운명적으로 채색될 가능성이 아주 높다. 다음은 신경증적으로 불안한 부모가 자녀들에게 어떤 식으로든 전해주는 '두렵게 하는' 믿음들이다.

☆ 무언가 잘못하거나 실수를 저지른다는 것은 끔찍한 일이다. 그러니 완벽하게 하라.

☆ 마음을 놓지 마라. 일이 잘못되는 것은 바로 그런 순간이다.

☆ 후회하지 않으려면 조심하라.

☆ 모험은 항상 나쁜 결과를 가져다준다.

☆ 안전/돈/동반자/가정/직업을 갖지 못한다는 것은 두려운 일이다. 그러니 그것들에 집착하라.

연구에 따르면, 아동은 대개 부모가 갖고 있는 것과 비슷한 두려움과 공포, 혹은 때로는 더 극단적인 형태의 두려움과 공포를 가지고 있다.

> 2살에서 6살 사이의 미취학 아동 70명과 그 부모들을 대상으로 한 연구에서 해그먼(Hagman, 1932)은 개를 무서워하는 아동과 엄마, 그리고 벌레를 무서워하는 아동과 엄마 사이에 밀접한 상관관계가 있다는 것을 발견했다. 정도가 낮기는 하지만 뇌우를 무서워하는 아동과 그러한 엄마 사이에도 상관관계가 있었다. (보울비, 1973, p160)

부모의 신경증적인 불안의 대상이 아동 자신일 때도 있다. (여기서 말하는 불안은 일반적이고 자연스러운 부모의 걱정이 아닌, 과도한 불안을 말한다.) 일반적으로 부모의 두려움은 자녀가 죽거나 크게 다치지나 않을까 하는 것이다. 부모의 두려움이 자녀에게 집중되어 있을 경우, 자녀는 세상을 매우 두렵고 안전하지 않은 곳으로, 그리고 언제라도 무서운 일이 일어날 수 있는 곳으로 보게 된다. 발린트는 이것을 매우 설득력 있게 묘사했다. '그들은 살아있는 유아가 아니라 쉽게 죽을지도 모르는 걱정스러운 대상으로 취급되었기 때문에, 그들의 엄마와 그들이 살고 있는 세상이 공포와 불안으로 가득 차 있다고 믿게 된다.'(1993, p108)

만일 아동이 부모와 함께 있으면서 불안을 느낀다면, 그는 모든 것에서 불안을 느낄 것이다. 엄마나 아빠, 혹은 부모는 아동이 세상을 살아나가기 위한 안전기지가 된다. 그러므로 엄마나 아빠가 안전 기지가 되어 주지 못한다면, 세상의 모든 것은 안전할 수가 없다.

**테리, 7세**

테리의 엄마는 하루는 정서적으로 안정된 자상한 엄마였다가, 다음 날은 자신의 걱정거리에 몰두한 나머지 그에게 전혀 관심을 돌리지 않는 엄마였다. 그녀의 기분이 수시로 변했기 때문에 테리는 세상 역시 매우 변하기 쉬운 곳이라고 느꼈다. 그에 대한 엄마의 사랑은 너무 불안하고 불확실한 것이었다. 엄마의 사랑을 언제라도 잃을 수 있다고 느꼈던 테리는 엄마에게 매달렸다. 테리가 너무 달라붙는다고 느낀 엄마는 왜 그가 철이 들지 않는지 모르겠다고 불평했다.

문제는 걱정으로 가득 차 있는 부모에게는 자녀의 불안을 담아줄 심리적인 공간이 없기 때문에, 자녀는 불안과 함께 홀로 남겨진다는 것이다. 프로이트가 말했듯이, '아동은 실제로 외부나 내부로부터 오는 자극들을 심리적으로 다룰 준비를 갖추고 있지 않다' (1926 [1979, p305]). 진정시켜주고 위로해주는 부모의 도움이 없는 아동은 너무 강렬하고 다루기 힘든 감정들을 혼자서 다루어야 하는 상황에 처하게 되는데, 이 때 불안 증세가 시작된다. 더욱이 불안하거나 정서적으로 안정되지 못한 부모들은, 아동에게 (말을 하든 안 하든) 많은 것을 요구하기 쉽다. 이런 아동은 **자기 자신을** 정서적으로 보호하기 위해, 불안해하는 엄마를 진정시키는 방법을 배울 수밖에 없다. 그들은 자신의 감정들을 마음속 깊은 지하실로 밀어 넣는다. 하지만 이것은 결코 성공하지 못한다. 지하실로 밀어 넣은 감정들은 온갖 형태의 신경증적 그리고/또는 신체적인 증상이 되어 조금씩 밖으로 새어 나오기 때문이다.

**샐리, 6세**

샐리의 부모는 매우 불안이 많은 사람이었다. 샐리는 학교가 너무 불안한 곳이라고 느꼈고 종종 혼란스럽거나 압도되었다. 어느 날 학교에서 선생님은 '여러분의 삶에 대해 그려보세요'라고 말했다. 샐리는 '홍차'를 그렸다 (그림 4를 보라). 교사는 그 그림이 엉뚱하다고 생각했다. 사실 그것은 여섯 살짜리 아이의 그림으로서는 매우 통찰력이 있는 것이었다. 그것은 샐리의 삶의 본질을 가장 간결하게 표현한 것이었다. 그녀의 '홍차' 그림은 불안하고 흔들리거나 압도된다고 느끼지 않았던, 매일의 특정한 시간을 나타내고 있었다. 하루가 끝나갈 때 그녀의 아빠는 '우리 모두 차를 마시자'라고 말하곤 했다. 차를 마시는 시간 동안에는 모든 것이 안전하고 명확했다. 그것은 친숙하고 규칙적이며 현실적이고 안전했다. 그러나 그림에서 '홍차의 오아시스' 주변에는 낙서가 어지럽게 그려져 있었다. 그 낙서는, 좋은 의도를 가지고 있음에도 불구하고 그녀의 감정과 정서적 욕구를 충족시켜주지 못하는 가정에서, 샐리가 느끼고 있는 압도적인 혼란을 나타내고 있었다.

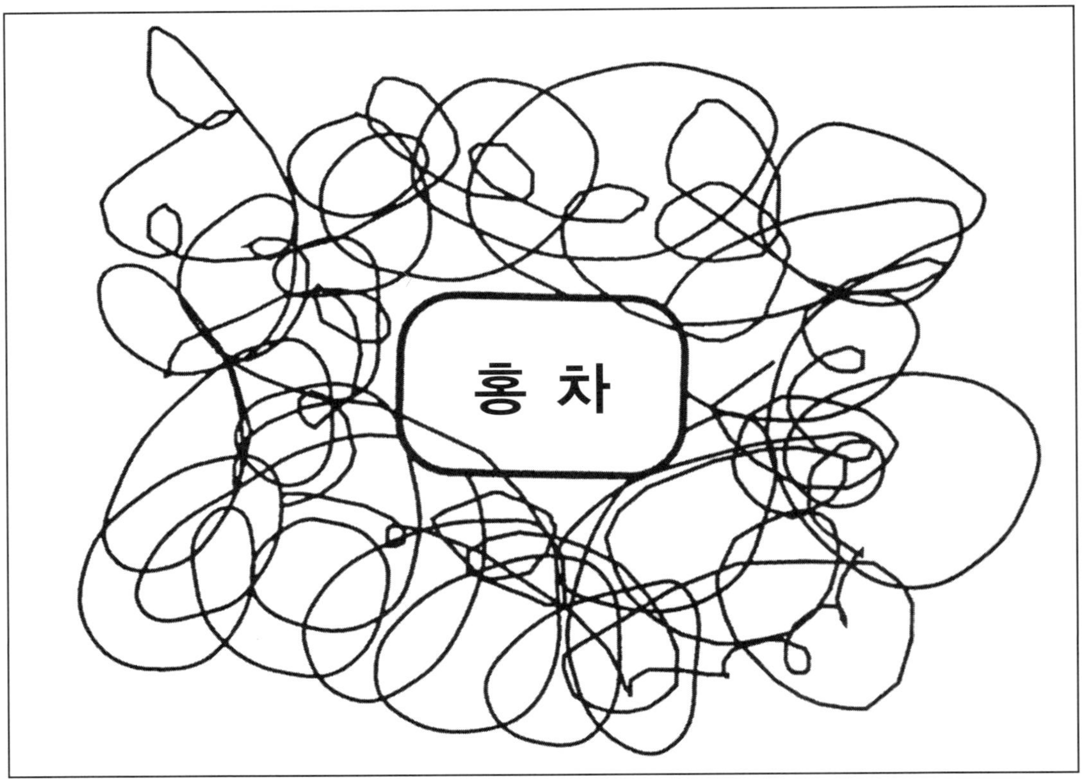


**그림 4** 샐리의 홍차 그림

> 모든 개인의 정신 기구는 처리할 수 있는 용량의 한계를 가지고 있다. 한계를 초과한 분량의 흥분은 처리되지 못한다. (프로이트, 1926 [1979, p305])

아동에게 불안을 심어주는 부모의 행동들은 다음과 같다.

☆ 지나치게 걱정함
☆ 부족하다고 생각함
☆ 지나친 관심
☆ 안절부절못함
☆ 예측할 수 없음
☆ 요구적임
☆ 정서적으로 취약함
☆ 우울
☆ 분노
☆ 자녀에게 집착함
☆ 두려워함

다음은 추가적인 고려사항들이다.

☆ 불안한 아동은 불안, 분노 혹은 우울과 같이 처리되지 못한 감정들로 가득 차 있는 부모-인물과 고통스럽고 힘든 상호작용을 겪은 아동일 경우가 많다. 그들은 대개 자신의 감정뿐만 아니라, 부모의 강렬하고도 원초적인 (그리고 대개는 유아적인) 감정에 대처해야만 했던 아동이다! 따라서 그들은 지나치게 두렵고 혼란스럽고 약하다고 느끼는 '엄마-세상' 또는 '아빠-세상'에 직면해, 스스로를 지탱해야만 했던 아동들이다.

☆ 만일 정서조절에 필수적인 신경단위의 연결이 형성되는 시기에(0세에서 3세, Schore, 1994를 보라) 아동이 고통스럽고 힘든 상호작용을 겪는다면, 심리생화학적으로 엄청난 왜곡이 발생할 수 있다. 만일 이 시기에 너무 많은 스트레스 호르몬(코티솔)이 분비되고 천연적인 진정물질인 오피오이드가 충분히 분비되지 않는다면, 그는 불안하고 안절부절 못하는 사람으로 성장할 수 있다.

☆ 어떤 아동은 엄마가 자신을 정말로 사랑하는지를 확신하지 못하기 때문에 불안해진다. '사랑은 세상을 보다 안전한 곳으로 만든다. 그곳에서는 숨을 필요가 없다. 우리는 어디서든, 집이나 세상에서 그리고 우리 자신들 안에서, 모든 사람들과 함께 놀기 위해 밖으로 나올 수 있다.' (허먼, 1988, p146)

대조적으로, 아동을 안정되고 안전하다고 느끼게 하는 부모의 양육방식은 다음과 같다.

☆ '우리는 태어나서 죽을 때까지, 애착 대상이 제공하는 안전 기지에서 길거나 짧은 일련의 소풍과 같은 삶을 살 때 가장 행복하다.' (보울비, 1988, p62)

☆ 안정된 아동은 '평화롭게 사랑할' 수 있다. 그는 부모를 두려워하지 않고, 부모의 불안이나 유약함으로 인해 불안해하지 않는다. 그는 부모 중 누구도 자신에 대한 사랑을 갑자기 포기하거나 조건적으로 사랑할 것이라고 의심하지 않는다. 그는 어른이 되어서도 '평화롭게 사랑'할 수 있다.

☆ 안정된 아동은 끊임없이 자신의 정서 상태를 반영해주는 부모를 경험한 아동이다. 그들의 부모는 처리되지 않은 감정에 얽매어 있지 않았고, 설령 그랬더라도 다른 누군가에게 도움을 받을 수 있었으며, 따라서 자녀들을 반영해줄 수 있는 정신적, 정서적 공간을 가지고 있는 사람들이었다. 안정된 아동은 두렵거나 화가 날 때 부모가 반응해줄 것임을 알고 있기 때문에, 위로와 도움을 받기 위해서 부모를 찾을 수 있었던 아동이다.

☆ 안정된 아동은 '세상을 탐험할 용기를 지닌' 사람으로 자라난다(보울비, 1988, p124). 이는 엄마가 없을 때에도 마음속에 따뜻하고 애정 어린 엄마를 간직하는 능력을 갖고 있기 때문이다. 이러한 능력은 세 살 반 정도부터 견고해지기 시작하는데, 이 시기에 아동은 분리불안 없이 가장 중요한 애착대상으로부터 반나절 동안 혹은 온종일 떨어져 있을 수 있다.

☆ 어린 시절에 부모와 함께 경험한 이런 강력하고도 좋은 상호작용은 세상에 대한 아동의 시각에 강한 영향을 미친다. 그는 실제 위험상황에 처해서도 사랑과 위로를 주는 부모와 함께 있기 때문에 안전함을 느낄 수 있다. 이와는 반대로 조바심하는 불안한 아동은 **실제** 위험이 없을 때조차도 매우 불안하게 느낄 수 있는데, 그것은 그가 부모를 안전 기지로 경험하지 못했기 때문이다. 서술한 바와 같이, 어린 시절에 안전한 애착 경험을 통한 견고한 토대를 형성하지 못하면, 그는 늘 신경증적인 불안을 느끼게 된다. 하지만 이러한 안정적인 토대를 갖지 못한 아동에게도 치료나 상담을 통해 두 번째 기회가 주어질 수 있다.

☆ 안정된 아동은 자라서, 세상은 최악의 상황에서도 견딜 수 있고 도움이 있으며 희망과 선함이 충분히 있는 곳이라고 믿게 된다. 클라인은 이렇게 말한다. '사랑이 분개와 불만과 증오에 의해 질식되지 않고 마음속에 단단히 뿌리를 내린다면, 다른 사람에 대한 신뢰와 인간의 선함에 대한 믿음은 어떤 불행한 상황에서도 견딜 수 있는 바위와 같은 것이 될 것이다.'(1932, p341)

☆ 안정된 아동은 자라서 세상을 '홀로 살아갈' 필요가 없는, 항상 위로와 도움과 이해를 줄 수 있는 곳으로 본다.

> 그의 예상들은 매우 깊이 자리 잡고 반복해서 확인이 되었기 때문에, 어른이 되어서도 그는 다른 종류의 세상을 상상하기가 어렵다. 이는 그에게 거의 무의식적으로, 언제 어디서 어려움을 겪는다 하더라도 항상 도움을 줄 수 있는 믿음직한 대상이 있다는 확신을 준다. 그러므로 그는 신뢰를 갖고 세상에 다가가며 위급한 상황에서도 어려움을 효과적으로 처리하거나 그러기 위해 도움을 찾는다. (보울비, 1973, p208)

## 아동은 부모가 표현하지 않고 감추어 둔 두려움과 불안을 감지한다

어린 아동은 매우 열려있고 무방비 상태이기 때문에 부모의 정서적 에너지와 기분상태에 쉽게 영향을 받는다. 부모의 내면세계가 처리되지 않은 두려움이나 불안으로 가득 차 있다면, 아동은 외부세계를 두렵고 불안한 것으로 느낄 수 있다. 아동은 흔히 부모의 걱정과 문제들과 두려움을 감지한다. 이것들에 대해 말하지 않아도 아동의 잠재의식은 이것을 정확하게 포착한다. 다른 관점에서 보면, 부모의 무의식은 아동의 무의식과 '땅 밑으로' 의사소통을 한다. 부모-자녀 관계의 밀접함 때문에 이러한 의사소통은 종종 매우 극적이다. 그 결과 아동은 부모의 표현되지 않은 불안이나 부인된 두려움을,

겉으로 표현된 것들과 함께 무거운 짐으로 느끼게 된다. 이러한 무거운 짐은 성인기까지 계속될 수 있으며, 어떤 것에도 부착될 수 있는 자유롭게 떠도는 불안으로 나타날 수 있다.

**클라라, 4세**

클라라는 심한 불안으로 인해 치료에 의뢰되었다. 그녀는 수업에 집중할 수 없었고 교사에게 매달렸으며 매우 초조해했다. 그녀의 엄마는 가족을 잃고서 몹시 비탄에 잠겼지만 그녀의 감정을 받아줄 수 있는 사람이 아무도 없었다. 결국 의사는 클라라와 그녀의 엄마를 가족치료에 의뢰하였다. 엄마가 클라라에게 자신에게서 무엇을 바라냐고 물었을 때, 그녀는 '엄마, 지붕에서 빗물이 내 방으로 떨어지는 것을 막아줬으면 좋겠어요. 그건 나를 너무 슬프고 무섭게 해요'라고 말했다. 실제로 지붕은 새지 않았다. 클라라의 말은 바로 자신이 (집의 이미지) 엄마의 비탄의 눈물인 '빗물'로부터 충분히 보호받고 싶다는 소망을 은유적으로 나타낸 것이었다. 엄마가 애도를 위한 상담을 받기 시작하자, 클라라의 조바심은 멈추었고 그녀의 학업은 극적으로 향상되었다.

융 학파 분석가인 윅스는 '아동의 무의식은 인식하기를 거절한 엄마의 두려움에 의해 영향을 받을 수 있다'고 말한다(1988a, p64). 달리 말해서 부모가 걱정하면 아동은 그것을 감지하고 신경쇠약에 걸리거나 그것을 해소하기 위해 꿈을 꿀 수 있다. 이는 부모들이 꾸어야 할 꿈을 자녀들이 대신 꿀 수 있다는 것을 의미한다! 부모가 자신의 두려움이나 걱정들을 해결하면, 아동은 발달을 계속할 수 있다. 유명한 정신분석가인 융은 이러한 '신비한 참여'(participation mystique)에 관해 다음과 같이 말했다.

> 부모에 대한 아동의 원시적이고 무의식적인 동일시('신비한 참여')는 아동으로 하여금 부모의 갈등을 자신의 것으로 느끼게 하고, 그로 인해 고통을 받게 만든다. 이는 아동에게 막연히 숨이 막힐 것 같은 걱정스러운 분위기를 느끼게 하고, 마음속으로 서서히 독가스처럼 스며들어 아동의 안전감을 파괴한다.
> (융, 프랜시스 윅스와의 사적인 대화, 윅스에서 인용. 1988, p57)

'신비한 참여'의 힘을 알지 못하는 많은 부모들은 '어린 죠니에게 말하지 말아야지. 걱정시킬 뿐이야'라고 말할 것이다. 그러나 그들은 어린 죠니가 어느 정도는 **이미 알고** 있다는 것을 모르고 있다. 암스트롱 펄만(1998, 사적 대화)은 '그들은 진실을 말하는 것으로부터 자녀를 떼어놓을 수 있을 뿐, 진실로부터는 떼어놓을 수 없다'고 말한다.

다음 사례는 이를 잘 보여준다.

젊은 엄마인 수잔은 최근에 유산으로 잃은 아기에 대한 슬픔을 철저하게 부인하고 있었다. 그녀는 슬픔을 '뒤에 감추고' 5살짜리 아들인 빌리 앞에서 '명랑하게' 행동했다. 그녀는 아기가 이제 하나님 품에 안겨 있기 때문에 아기는 잘 있다고 빌리에게 말했다. 아기가 유산되기 전까지는 정말로 행복했던 이 어린 소년은 밤중에 오줌을 싸기 시작했고 놀이에서 모든 사람이 죽는 장면을 반복했다. 그는 또한 변기가 오물과 눈물로 흘러넘치는 악몽을 꾸었다. 엄마가 치료에서 상실의 슬픔을 표현할 수 있게 되었을 때 빌리는 다시 정상으로 돌아갔고 그의 증상들도 모두 사라졌다.

**그림 5**
'… 그리고 변기가 흔들렸기 때문에 조심해야 했고 떨어지지 않게 꼭 붙들어야 했어요.'

> 테사의 엄마는 자신이 심한 심장병을 앓고 있고 죽을 지도 모른다는 사실을 어린 딸에게 숨기려고 했다. 그러나 테사는 교사에게, '보세요! 내가 또 여자애가 검은 구멍으로 떨어지는 것을 그렸어요'라고 말했다. 교사가 그 애가 왜 떨어지냐고 묻자, 테사는 '엄마를 잃었기 때문이에요. 잠시 동안이 아니라 영원히'라고 대답했다. 물론 엄마가 잔인한 진실로부터 딸을 보호하고 싶었던 마음은 이해할만하지만, 사실 그것은 불가능했다. 테사의 엄마는 단지 진실을 언어적으로 표현하는 것을 막았을 뿐, 진실을 막을 수는 없었다. 테사와 엄마가 솔직하게 모든 것을 이야기하고 서로의 감정을 느끼기 위해서는 전문적인 도움이 필요했다. 엄마가 도움을 받지 않으면, 테사는 자신의 두려움과 슬픔을 모두 홀로 떠안을 수밖에 없다.

부모의 거칠고 소화되지 않고 처리되지 않은 감정들을 감지하는 불안한 아동의 일부는 강박충동적인 의례행위들을 발달시킨다. 그들은 정돈하고 확인하는 의례들을 발달시킴으로써 심하게 어질러진 엄마의 감정들을 '정리정돈' 하려고 애쓴다. 이런 엄마는 상담이나 심리치료를 받을 필요가 있다. '어린 죠니는 눈치 채지 못할 거야'라고 생각하는 것은 진실에 대한 전적인 부인이거나 터무니없이 부정확한 소망적 사고이다.

## 자연스럽고 상상적인 아동기 공포와 신경증적인 공포를 구별하는 것이 중요하다

아동의 상상력은 네 살에서 다섯 살 경에 특별히 생생하고 강력해진다. 어떤 아동은 이 시기에 두려움이 고조되는 것을 경험한다. 예컨대 네 살짜리 아동은 밤에 검고 큰 옷장이 그에게 다가오는 것처럼 느끼거나, 커튼이 자신을 무섭게 노려보는 것처럼 느낄 수 있다. 그리고 테이블 다리, 냉장고 문, 변기 혹은 말벌과 같은 것들이 '자기를 잡으러 온다'고 느낄 수 있다. 강박적인 의례들은 너무 생생한 상상으로 인해 강렬해진 불안에 대처하기 위해서, 세살에서 다섯 살 난 아동이 일반적으로 사용하는 방식이다. (금이 간 보도를 밟지 못하거나, 매일 밤 침대 밑에 괴물이 있는지를 확인하거나, 숨고 피하고 도망가거나, 아픈 척하면서 두려운 상황과 사람들에 대처하고 있는 아동을 생각해보라.)

그러나 이렇게 상상력이 생생해지는 시기에 아동의 부모 역시 불안하다면, 부모는 자녀를 두려운 세계로부터 온화하고 안전한 세계로 데려오는 데 실패할 것이다. 대신 아동은 세상이 위협적이거나 공격적이라는 인상을 갖게 될 것이다. 이와는 반대로, 아동이 그러한 편집증적인 불안에 대해 지속적으로 공감을 받고 평온한 반응을 얻는다면,

그의 상상력이 아무리 생생할지라도 세상이 두렵다는 인상은 사라질 것이다!

> 엄마는 악의적인 존재들과 그들의 어린 희생자들을 변화시킬 수 있는 진정한 마술사다. 그때 불은 더 이상 해롭지 않고, 테이블은 더 이상 해치지 않는다. 엄마가 '모든 것을 해결했기 때문이다.' (Odier, 1956, p90)

그러나 이 나이에 진정시켜주는 엄마가 없다면, 아동이 불안을 다루는 방식은 발달적으로 네 살 정도의 수준에 고착될 수 있다. 그는 그 연령의 특징인 온갖 비합리적이고 '마술적인 사고'를 계속 유지할 수 있다. 일부 아동은 이것을 성인기까지 가져가 본격적인 공포증이나 강박증 혹은 편집증을 발달시킨다.

## 아동은 학교나 가정에서 거꾸로 된 세상에 살기 때문에 불안한 아동이 된다

> 앨리스는 그토록 괴상한 크로켓 경기장은 난생 처음 본다고 생각했다. 그것은 온통 두렁과 밭고랑으로 되어 있었다. 공들은 살아있는 고슴도치였고, 공을 치는 방망이는 살아있는 홍학이었으며, 군인들은 몸을 구부려 손과 발로 아치를 만들고 있었다. (루이스 캐롤, 이상한 나라의 앨리스, 1994, p87)

어떤 가정들은 '좋은' 감정들만 표현될 수 있고, 온갖 부정적이고 강렬한 감정들은 분위기에서만 감지된다는 점에서 '이상한 곳'이다. 다른 가정들은 한 순간 부모가 친절하고 따뜻했다가 다음 순간 냉혹하고 적대적이라는 점에서 이상한 곳이다. 어떤 가정들은 아동이 부모의 예측할 수 없는 행동들을 헤쳐 나가야 한다는 점에서, 즉 부모가 급한 성미, 광증, 혹평, 적의, 우울한 기분 등을 분출시킬 때 '폭풍으로 인한 손상'을 최소화하면서 난국을 돌파해야 한다는 점에서 이상한 곳이다. 어떤 부모들은 아동에게 '이리 와, 난 널 사랑해!'라고 말하고 난 다음 순간에 '네가 태어나지 않았더라면'이라는 모순된 메시지를 전달하면서 '이상한' 모습을 드러낸다. 그들은 하루는 아동이 한 행동에 대해 웃고 격려하다가 다음 날은 똑 같은 행동에 대해 벌을 준다. 어떤 아동은 끊임없이 반복되는 혼란스러운 가족 드라마 속에서 성장한다. 이런 가정은 아동에게 자극과 흥분을 주기는 하지만 온화하게 진정시키고 차분한 힘을 주지는 못한다. 그 결과 아동은 자신 안에서 온화하고 차분한 감정을 느끼는 데 어려움을 겪는다.

아동을 미칠 것 같다고 느끼게 만드는 '이상한 가정'의 경우, 아동은 차라리 혼자만의 안식처를 만드는 게 낫다고 마음먹는다. 그들에게 다른 사람들과 같이 있다는 것은 불안하거나 조마조마한 감정과 너무 밀접하게 연관되기 때문이다.

**안젤라, 15세**
우리는 아버지가 집에 계실 때에는 그 까다로운 성미 때문에 언제나 아주 조용히 있어야 했다. 그러나 때때로 아버지는 공부하다 말고 우리들과 뒤엉켜 큰 소리로 떠들며 (아버지 목소리가 가장 컸다) 놀았다. 그러다가 갑자기 아무런 이유도 없이 돌변하여 화를 내면서 우리에게 사리분별이 없다고 말했다. 우리는 다시 발끝으로 걸어야 했고 엄마는 '쉬!'라고 말했다. 그것은 너무 혼란스러웠다.

한 여성은 어릴 때 엄마가 아래층에 사는 사람들에게 방해되니까 뛰어다니지 말라고 했던 것을 기억했다. 그들의 아파트 아래층에는 빈 가게가 있었다. 어린 소녀는 **거기에 살지도 않는** 사람을 어떻게 방해할 수 있는지 이해하려고 애썼다. 그녀는 비합리적인 엄마에게 이의를 제기하기에는 아직 너무 어렸다. 이런 가정들은 루이스 캐롤의 **이상한 나라의 앨리스**, 에드워드 리어의 비상식적인 시들, 또는 카프카의 편집증적인 세계와 매우 비슷한 모습을 보여준다.

학교들 역시 '이상하고' 혼란스러운 장소일 수 있는데, 학교에서는 연약한 정서의 표현을 용감한 행동이 아닌 약한 행동으로 보거나, 힘을 행사하는 아동은 처벌하면서 교사들은 그렇게 하도록 허용하거나, 혹은 화단출입을 금지하고 단정한 양말을 착용하라는 규칙은 있지만 다른 아동을 괴롭히는 것에 대한 규칙은 없기 때문이다. 교사들 중에는 자신이 아이들을 좋아하지 않으면서 아이들과 관련된 직업을 선택하는 사람들도 있다.

'이상한 가정'이나 '이상한 학교'에서 지내는 아동은 대개 말도 되지 않는 것을 말이 되는 것으로 만들려고 노력한다. 그들은 논리가 없는 곳에서 논리를 찾고, 전적으로 괴이하거나 비정상적인 것에서 정상적인 것을 찾는다. 말도 되지 않는 것을 말이 되는 것으로 만들려는 노력은 매우 힘들고 외로운 것일 수 있다. 그 예로, 이상한 나라에서 무의미한 것을 의미 있는 것으로 만들려고 애쓰는 앨리스는 이 모든 일을 홀로 해야 하기 때문에 몹시 외로웠다.

모든 말도 안 되는 질문들은 대답이 불가능하다. 일 마일이 몇 시간인가? 노랑색은 네모난가, 둥근가? (캐롤, 1994, pp58 – 59)

배심원은 열심히 석판에다 세 개의 날짜를 쓴 다음 그것을 더했다. 그러고는 답을 화폐 단위로 바꾸었다. (캐롤, 1994, p120)

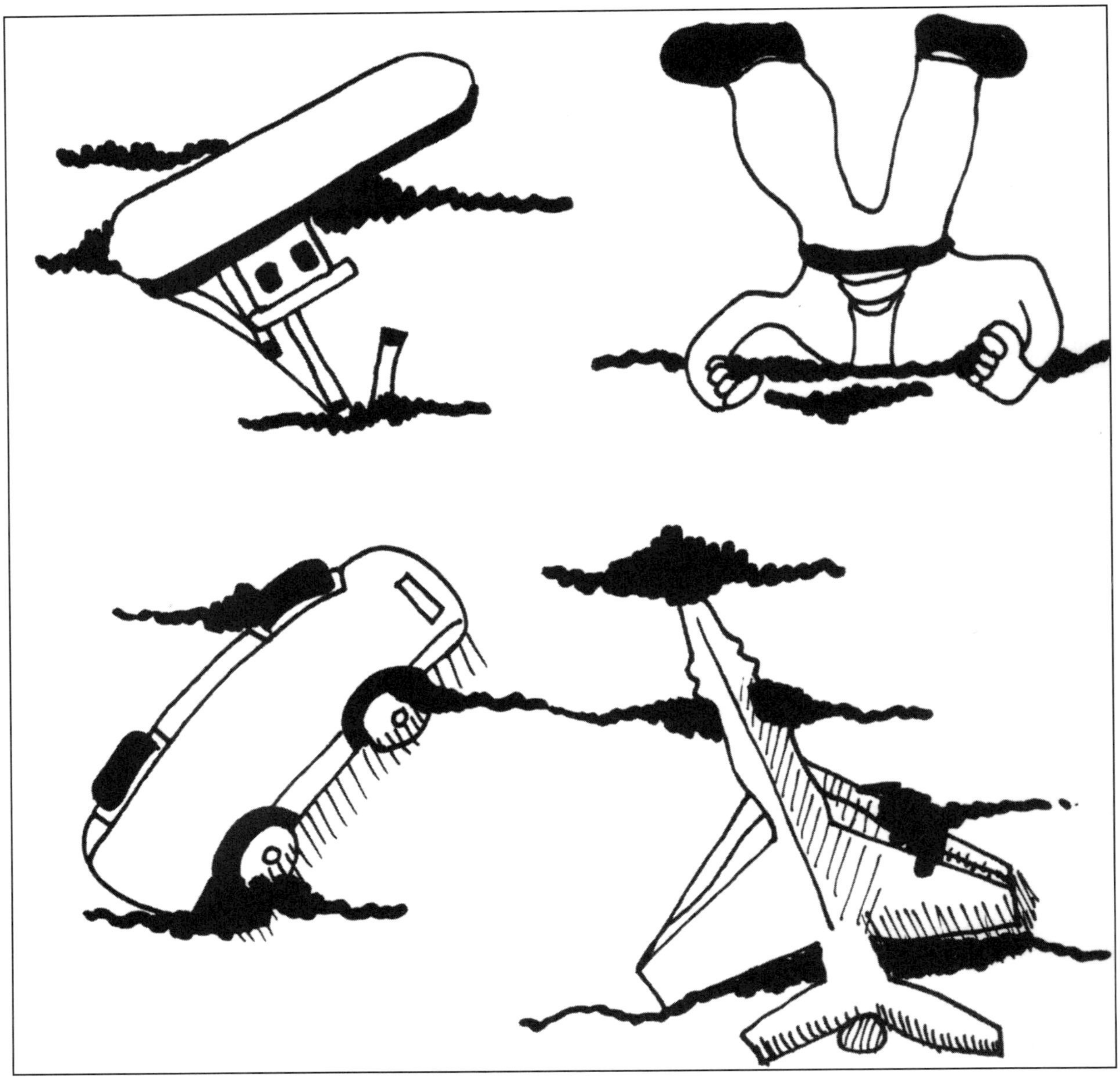

**그림 6**
뒤죽박죽된 세상을 표현한 모래놀이 그림

이들은 세상뿐만이 아니라 자신들도 말이 되지 않는다고 느낄 수가 있다. 이들은 '내가 좀 더 생각해보면 이해할 수 있을 거야'라고 스스로 말하면서, 이해력이 부족한 자신을 원망하고 미친 것은 바로 자신이라고 믿게 된다.

다음은 혼란스럽고 불안한 세상에 살면서 자신들이 느끼는 감정을 극복하려고 애쓰는 아동의 이야기이다.

**마티, 9세**
알코올 중독인 마티의 엄마는 갑자기 분노를 터뜨렸다. 상담에서 마티는 '난 아무것도 두렵지 않아요'라고 말했지만, 약 2분 뒤에는 '난 모든 게 두려워요'라고 말했다. 마티는 이런 이야기를 썼다. '잔디밭을 걸어갈 때, 어떤 때는 잔디 거인이 고막이 찢어질 정도로 큰 소리를 질러요. 하지만 어떤 때는 잔디 거인이 없어서 괜찮아요. 그러나 절대로 안심해선 안 돼요.'

**빌리, 6세**
빌리의 엄마는 약물 문제를 갖고 있었다. 빌리의 형제들은 본드를 흡입했고 거리에서 절도행각을 벌였다. 빌리의 아버지는 가출을 일삼았다. 빌리는 '방치 아동을 위한 보호기관'에 의뢰되었다. 빌리는 이런 이야기를 썼다. '문어들이 집으로 들어왔어요. 그리고 쓰레기통이 창문으로 날아들어 와서 모든 것을 쓰러뜨렸어요. 아기는 옷장 속에 숨어 울고 있어요. 누군가 경찰의 도움을 받으려고 전화를 걸었지만, 경찰은 오는 길에 연못에 빠져죽었어요. 다음날 건널목에서 교통정리를 해주는 아줌마가 늦잠을 자는 바람에 아이들이 차에 치었어요.'

다른 이야기에서는 장난감 차들이 걸핏하면 차고에서 떨어졌고, 인형의 집 창문에서는 사람들이 떨어졌다. 빌리는 교실에서 치료실로, 혹은 치료실에서 교실로 가는 것을 매우 힘들어하고 불안해했다. 그는 이 두 공간의 가장자리에서 떨어져나가는 것이 두려운 것 같았다.

**데이빗, 7세**
데이빗의 엄마는 그가 아주 어릴 때 죽었다. 아버지는 차례로 여러 명의 여자 친구들과 사귀었다. 그는 약혼을 해놓고 마지막 순간에 파혼하거나 결혼한 지 일 년 만에 이혼하곤 했다.

그의 이야기에는 장난감 공원 벤치에 앉아있는 커플들이 계속 등장했다. '아빠와 나,' '죽은 진짜 엄마와 아빠,' '아빠와 미래의 엄마,' '아빠와 새 애인,' '아빠와 방금 차버린 애인.'

**그림 7** '뒤죽박죽 혼란한 감정들'로 어지러운 소년의 그림.
그는 '이상한' 가정에서 자랐다.

## 아동은 극복하지 못한 주요 외상으로 고통받기 때문에 불안해진다

아동이 삶에서 주요 외상으로 고통을 받고 있다면, 그리고 그것에 대한 감정을 충분히 극복하지 못했다면, 그는 깊은 불안의 잔재를 물려받을 수밖에 없다. 이것은 마치 외상이 모든 것을 혼란스럽게 바꿔놓는 것과도 같다. 그는 지금 (은유적으로 말해서) 심하게 흔들리는 땅에서, 다음에 있을 화산의 분출과 굉음 또는 지진이나 운석을 기다리고 있는 것과 같다.

이런 현상은 심리적인 수준에서뿐만 아니라 생화학적인 수준에서도 일어난다. 외상 후 스트레스로 고통 받는 많은 아동의 신체 - 마음에서는 스트레스 호르몬(코티솔)이 지속적으로 분비된다. 이 호르몬은 실제로 위협적인 상황이 아닐 때에도 위협이 있다는 신호를 뇌에게 보낸다. 이런 아동은 초각성 상태로 살게 된다. 그는 내적 평화의 가능성을 모두 상실하게 된다. 외상 후 스트레스로 고통 받는 아동은 대개 겉으로는 감추고 있지만 내면에서는 심한 불안을 느끼고 있다.

어떤 식으로든 특정한 인물이나 사물 혹은 자신의 삶의 일부로부터 정서적 연결이 끊어진다는 것은 아동에게 외상이 될 수 있다. 다음과 같은 외상을 극복하지 못할 경우 아동은 주요 불안으로 고통 받을 수 있다.

☆ 가족의 죽음

☆ 부모가 떠남

☆ 부모의 이혼

☆ 부모가 두려움이나 불안을 야기하는 방식으로 주기적으로 다툼

☆ 부모의 폭력을 목격함

☆ 파산, 혹은 가정을 흔들어 놓는 다른 사건

☆ 신경쇠약, 우울, 혹은 심각한 질병 등으로 부모가 '손상됨'

☆ 신체적으로 혹은 성적으로 학대를 당함(보호해 주어야할 인물로부터 학대를 당하면 정서적 연결이 자동적으로 손상됨)

☆ 매우 중요한 관계가 '손상'된 후에 회복되거나 재확립되지 못함

다음은 외상 후 스트레스로 고통당하는 아동이 보이는 가장 일반적인 증상들이다(**정신장애 진단편람**에서 인용, 4판, 1994, 미국 정신의학회, p428):

☆ 안절부절못하는 행동

☆ 외상이 된 사건을 반복해서 회상하는 것(어린아동은 놀이에서 외상의 주제나 어떤 측면을 반복함)

☆ 사건과 관련된 고통스러운 꿈을 반복해서 꾸기

☆ 마치 외상이 된 사건이 다시 발생하는 것처럼 행동하거나 느끼기

☆ 외상이 된 사건을 상징하거나 그와 유사한 사건에 의해 스트레스를 받음

☆ 외상과 관련된 사고, 감정, 활동, 상황 등을 피하려고 애씀

☆ 어린 아동이 배변훈련이나 언어능력 같은, 최근에 습득한 발달적 능력을 상실함

☆ 감정의 범위가 제한됨 (예를 들어 사랑하는 감정을 느낄 수 없음)

☆ 수면 장애

☆ 사람들로부터 멀리 있다는 감정

☆ 집중하지 못하며 전에 즐겼던 것에 흥미를 상실함

☆ 긴장하고 경계함

☆ 분노를 터뜨리거나 쉽게 화를 냄

외상적 사건들이 아동에게 이처럼 힘든 수준의 스트레스와 불안을 남길 것인가는 주로 다음의 두 가지에 달려있다. 첫째, 사건 후에 아동이 당한 일을 표현하고 그 감정들을 다룰 수 있도록 누군가가 정서적으로 충분히 '함께' 해주었는가? 이것은 '일회성'으로 그치는 것이 아니라, 사건으로 인한 감정이 떠오를 때마다 아동이 감정의 롤러코스터를 하나씩 극복해나가도록 내내 함께 해주는 것이라야 한다. 그리고 그 사람은 정서적인 고통, 충격, 공포와 상실이 충분히 표현되고 느껴질 때, 그 격렬함을 두려워하지 않는 사람이어야 한다. 그렇지 않으면 그는 오히려 아동이 그 사건을 정서적으로 처리하고 매듭짓는 것을 방해하기 쉽다.

둘째, 아동에게 무슨 일이 벌어졌는지를 누군가가 설명해주었는가, 아니면 아동이 혼란스럽고 무섭고 묵살당한 채로 어둠 속에 남겨졌는가 하는 것이다. 어떤 부모들은 '무슨 일이 일어났는지 말해주지 않는 것'이, '너무 어리니까 죽은 아빠에게 작별인사를 하지 않는 것'이, 혹은 '그를 위해 지금은 숨기는 것이 최선'이라고 믿는다. 하지만 이들은 사실 '속임수를 쓰고' 있는 것이며, 결국은 아동의 삶을 불안에 시달리게 만들고 있는 것이다. 이는 대개 자신의 감정을 감당하지 못하는 부모들이 아동도 그럴 것이라고 가정하기 때문이다. 그 결과 그들은 아동에게 기회를 주지 않는다. 예를 들어, 한 아동의 아빠가 어느 날 집을 나가 영영 돌아오지 않았을 경우, 만일 정서적으로 함께 해줄 수 있는 누군가가 아동의 분노, 비탄, 배신, 거절당한 느낌, 무가치감, 죄책감 등을 다룰 수 있도록 충분히 수용해주지 않는다면, 그래서 그런 감정들이 마음속 어두운 곳에 머무르게 된다면, 이 아동은 이후의 삶에서 신경증을 앓게 될 가능성이 매우 높을 것이다. 그것은 그가 진심으로 들어줄 수 있는 누군가에게 자신의 감정들을 털어놓지 못한 채, 혼자서 그 모든 것을 떠안아야 했기 때문이다.

아동기 외상 분야에서 탁월한 공헌을 한 보울비는 자신의 연구에서, 아동기에 입은 외상의 영향 때문에 성인이 되어서도 여전히 고통 받는 사람들은 위에서 제시된 돌봄의 혜택을 받지 못한 사람들이었음을 발견했다.

심리치료는 처리되지 못한 외상에서 오는 고통을 방지할 수 있는 최상의 방법이다. 그것은 '[뇌의] 정서적인 회로를 수정할 수 있기 때문이다' (골맨, 1996, p208).

# 죠와 같은 아동의 삶은 어떤 것인가

## 왜 죠와 같은 아동은 흔들리고, 뒤섞이고, 엉망인 것을 갈망하는가

> 폭스: 피트씨, 이 오트밀 죽을 좋아하십니까?
> 피트: 아닙니다.
> 폭스: 무엇이든 좋아하는 것이 있습니까?
> 피트: 손익계산서입니다. 나는 정확한 손익계산서를 좋아합니다.
> (베넷, 죠지 왕의 광기, 1995, p8)

**그림 8** 죠의 세계

죠와 같은 아동에게 삶은 너무 엄격하고 정돈되어 있으며 예측 가능한 것으로 보일 수 있다. 그는 그것을 깨고 나와 해방되기를 갈망할 수 있다. 그는 내면의 균형을 다시 잡으려는 듯이, 뭔가 혼란하고 무질서한 것을 원할 수 있다. 질서정연한 그의 삶은 내면의 자발적이고 자유로운 모든 것을 질식시키는 것처럼 보인다. 그의 지루함은 또한 강렬하고 흥분시키는 중요한 경험들이 박탈된 결과일 수도 있다. 하지만 아무리 노력을 해도 죠는 편안하게 이완된 상태에 들어갈 수가 없다. 그것이 삶과 놀이를 방해함에도 불구하고, 그는 통제 욕구를 포기할 수가 없다.

죠와 같은 아동은 기쁨에 차서 뛰거나 풀밭 언덕을 굴러 내리지 않으며, "야호!", 혹은 '야, 우리 이거 하자!!'와 같은 열정적인 말들을 하지 않는다. 그들은 어떤 사람이나 일에 대해서도 열정을 느끼지 못한다. 대체로 죠와 같은 아동에게는 잘 통제된 감정들만 있다.

죠와 같은 아동은 가상 놀이를 하거나, 온몸을 부딪치며 노는 놀이에 끼는 것을 어렵게 느낀다. 그들은 보통 보드게임이나 퍼즐 또는 컴퓨터를 하면서 얌전하게 노는 경향이 있다. 때로 죠와 같은 아동은 너무 틀에 박혀있어서 같이 있는 사람들까지 자발성과 창조성을 잃게 만들 수 있다. 사실, 죠와 같은 아동이 따분한 아이로 취급되는 것은 슬픈 일이다. 그런 아동 역시 자기는 그런 사람이라고 믿을 수 있다.

그는 다른 아동이 노는 것을 바라보면서 자신도 그들처럼 되기를 원할지도 모른다. 그들의 자발성과 거침없는 즐거움이 자신의 것이기를 바랄 수 있다. 죠와 같은 아동은 자신이 아주 많은 것을 놓치고 있다는 것을 어느 정도는 알고 있다. 그는 너무 많은 삶의 풍요로움을, 즉 신체적 삶과 상상세계의 삶, 서슴없는 놀이, 열정적인 참여와 감각, 즐거움으로 마음껏 빠져드는 삶을 놓치고 있다. 그는 예측 불가능성, 자발성, 영감의 순간과 창조적인 모험에서 오는 놀라운 것들을 놓치고 있다. 당연히 창조성은 혼돈으로부터 나오는 것이지, 질서로부터 나오는 것이 아니다. '삶의 비극은 인간이 얼마나 많은 고통을 받고 있는가에 있지 않고, 얼마나 많은 것들을 놓치고 있는가에 있다.'(Carlyle, Auden & Kronengerger에서 인용, 1964, p18)

## 죠와 같은 아동은 마음이나 신체 대신 머리로 살아간다

죠와 같은 아동은 강렬한 감정을 매우 위험하다고 느끼기 때문에 (의식적 혹은 무의식적인 수준에서) 감정과 신체적 느낌을 멀리한 채 머리로 살기로 작정한다. 그들에게 머리로 사는 것은 통제의 환상을 주기 때문이다. 따라서 그들은 모든 것을 논리적으로 설명하려고 할 것이며, 골치 아픈 감정들을 생각을 통해서 해결하려고 할 것이다.

죠와 같은 아동은 신체 활동을 즐기지 않는데, 그 이유는 그것이 즐거움이 아니라 불안을 가져다주기 때문이다. 그들에게 신체는 분리되어 있고, 그 자체의 의지를 가진 독립적인 실체로 여겨진다. 그것은 어떤 당혹스러운 짓을 하거나, 뭔가 수치스러운 방식으로 통제를 벗어날 수 있는 것으로 느껴진다. 이런 느낌 때문에, 심리치료사인 밀너의 한 환자는 '음악을 너무 좋아하면서도 비명을 지르거나 오줌을 쌀까봐 두려워 연주를 들을 수가 없다'(1987, p124)고 말했다.

## 죠와 같은 아동은 열정적인 삶을 두려워한다

> 우리는 [생명력]이 사라진 자리에서 불안만을 볼 수 있을 뿐이다.
> (프로이트, 1917)

죠와 같은 아동은 흔히, 자신이 감정을 허용한다면 모든 통제력을 상실할 것이라는 믿음(대개 의식적인)을 갖고 있다. 삶에 열정적으로 참여하는 것은 곧 통제력을 상실하는 것이라고 믿는다. '울음이 터져서 그칠 수 없으면 어쩌지? 화가 나서 폭발하면?' 여기에는 자신이 감정에 사로잡히거나 감정의 홍수에 압도될 것이라는 공포가 깔려 있다. 그러므로 죠와 같은 아동은 분노, 흥분, 사랑 혹은 간절한 욕구나 소망처럼 강렬한 정서를 경계하는 경향이 있다. 이런 긴장의 위협을 막기 위해서 질서가 사용된다. 하지만 어떤 정서는 허용하고 어떤 정서는 거부한다는 것은 불가능하다. 분노와 공포와 비탄과 같은 부정적인 감정을 차단하는 것은 기쁨, 들뜬 기분, 흥분, 사랑 등과 같은 긍정적인 감정 역시 차단된다는 것을 뜻하기 때문이다.

죠와 같은 아동은 강렬한 감정들로 인해 위협을 받는다고 느껴지면, 질서와 사고와 이성을 사용해서 그것들을 아주 '작은' 감정들로 만들려고 할 것이다. 그러나 블룸이 말한 대로, '질서정연한 감정이란 사실상 얼어붙은 혼돈'(1990, p34에 지나지 않는다). 그것은 처리되지 않은 감정들이 혼돈 상태로 얼어붙어 있는 것이다.

이처럼 강렬한 감정들을 두려워한다는 것은 비극적인 일이다. 강한 감정들은 생명력, 진실로 생생하게 살아있다는 느낌, 그리고 누군가와 강력하고 깊고 풍요로운 관계를 맺을 수 있음을 의미한다. 더욱이 열정적인 감정들은 꿈을 실현하는 데 반드시 필요한 요소이다. 그러므로 열정적인 삶의 포기는 너무 비싼 대가를 치르게 된다. 그 대가는 삶의 대부분의 시간을 지루하고 따분하게 보내는 것이다. 이는 삶의 의미를 잃어버리는 것을 뜻한다. 이때 아동은 활기가 없거나 둔감하게, 때로는 로봇처럼 보일 수 있다. 그것은 컴퓨터에 중독된 한 청소년이 했던 말을 생각나게 하는데, 그는 '보잘것없는 삶을 살지라도 최소한 통제는 할 수 있어'라고 말했다.

## 죠와 같은 아동은 너무 강한 감정을 피하기 위해 질서정연하거나 강박충동적인 행동을 한다

> 저런. 정말 흥미롭군. 분명히 당신은 우리와 같은 사람임이 분명해. 물론 나만큼은 아니지만. 그렇지 않다면 당신이 한 순간이라도 감히 긴장을 풀지는 않을 테니까. 나는 한 번이라도 머리를 단정히 빗지 않거나, 신발 끈이 제대로 묶여 있지 않거나, 모든 물건들이 제자리에 놓여 있지 않거나, 매일 아침 똑같은 버스를 타지 못하거나, 타임즈지를 늘 왼쪽 팔 아래에 끼고 다니지 않으면 모든 구조가 무너져 버리거든. (화이트, 1973, p316)

죠와 같은 아동은 흔히 집에 오는 길에 모든 난간들을 만지거나, 손을 여러 번 씻거나, 사물들의 수를 세거나, 어떤 것들을 피하고 확인하는 행동들을 반복한다. 이런 아동과 성인들은 모두 이미 여러 번 확인한 것을 다시 확인하거나, 손을 자꾸 씻거나, 보도의 깨진 틈을 밟지 말아야 하는 등의 의례행위를 통해서 자신들의 감정들을 차단하고 있다.

충동적인 의례는 아동에게 자신이 끔찍스런 위험을 막아내고 있다는 얼마간의 느낌을 준다. 그러나 이것은 '마술적인 사고'라고 불리는 것이다. 실제 위협은 자신의 내면세계에 있는데도, 그는 이것이 외부세계에서 온다고 생각하여 방어하고 있기 때문이다. 다음 사례를 생각해보자.

**필립, 10세**

필립은 강박적으로 문을 잠갔다. 그는 현관문이 잠겼는지 최소한 여섯 번은 확인해야 잠을 잘 수 있었다. 엄마의 죽음에 따른 슬픔을 '잠가 두는 것'을 그만두었을 때, 그리고 하염없이 울 수 있었을 때, 그는 더 이상 강박적으로 문을 잠그지 않게 되었다.

라이크로프트(Rycroft)가 말했듯이, '강박적인 사람에게 감정은 그가 지배하는 세계의 질서를 교란시키는 침입자로 여겨진다.'(1988, p77) 그러므로 충동적인 의례는 내면에서 어느 것도 '통제 하에' 있지 않다고 느끼는 죠와 같은 아동에게 통제되고 있다는 느낌을 준다. 의례는 자신이나 세상이 통제되지 않고 있다고 느낄 때, 그런 상황을 통제하기 위해 최소한 무언가를 하고 있다는 것을 의미하기 때문이다.

> 나스루딘은 집 주위에 빵 부스러기를 한 움큼 뿌리고 있었다. '지금 뭐하는 거예요?' 어떤 사람이 물었다. '호랑이를 쫓으려고요.' '하지만 이 부근에는 호랑이가 없는데요.' '맞아요. 정말 효과적이지 않아요?' (샤, 1966, p20)

불안한 느낌과 씨름하고 있는 아동에게 의례는 '모아진다는' 느낌을 줄 수 있다. 의례는 불안을 묶어 놓는다. 이것은 세상이 안전한 곳이라는 느낌을 만들고자 하는 최후의 시도이다. 그러나 아동의 강박적인 행동은 주변 사람들을 혼란스럽게 만들 수도 있다. 친척들이나 교사들은 그러한 필사적인 질서와 통제의 필요성 배후에는 두려움이 있다는 사실을 알지 못한다. 그들은 흔히 시간을 낭비한다는 불만만을 느낄 수 있다. '미안해, 우리는 아직 출발하지 못했어. 아담[8세]이 집을 나가기 전에 창문을 모두 만져야만 하거든.'

## 죠와 같은 아동은 지나칠 정도로 모범적이다

죠와 같은 아동은 너무 단정해 보이고, 너무 절도 있게 말하며, 극도로 정확하게 일처리를 한다. 그들은 일반적으로 '작은 어른들'처럼 행동한다. 죠와 같은 아동은 너무 모범적이다. 불행히도 흔히 사람들은 그들을 '만족해'하거나 그들이 잘 적응하고 있고 행동이 바르다고 잘못 생각한다. 하지만 진실은 그들이 너무도 많은 생명력을 차단하고 있다는 것이다.

'지나치게 모범적인' 어떤 아동은 실수에 대한 두려움으로 숨도 제대로 못 쉬면서 완벽해지려고 갖은 애를 쓴다. 그들은 실수를 '재앙'으로 받아들인다. 그들은 실수를 실패, 굴욕, 부끄러움 혹은 사랑이나 인정의 철회와 연관시킨다. '지나치게 모범적인' 어떤 아동은 그들이 누구인가가 아니라 무엇을 성취하고 어떤 일을 했는가에 의해 사랑받는다고 믿기 때문에 공부를 중단하고 즐겁게 나가 놀 수가 없다. 그들에게 있어서 놀고 어지르고 감히 장난꾸러기가 된다는 것은 이러한 사랑을 위협하는 것이다.

## 왜 죠와 같은 아동은 긴장을 풀지 못하는가?

정리정돈과 질서정연함을 지나치게 중시하는 일부 가정의 경우, 아동은 놀이나 재미 또는 감각적인 즐거움을 충분히 누리지 못한다.

> 나는 완전무결하게 위생적인 아동기를 보냈다. 하루 걸러 내의를 갈아입는 습관의 도움을 받으면서... 나는 헌신적인 부모의 하나 뿐인, 충분히 완벽한 '수행원'이 되기를 원했고 계획했고 기다렸다. 그 당시 나는 또한 작정을 했다. 그 중 하나는 이 안전하고 위생적인 아동기를 무기한 연장하는 것이었다. (쿡, 1991, p28)

죠와 같은 아동 중에는 지나치게 말끔하고, 깨끗하고, 규제된 가정환경에서 자란 경우가 많다. 이런 아동기 배경을 가진 한 성인은 '내가 어렸을 때 엄마는 나보다는 정돈하는 데 훨씬 더 몰두하셨죠'라고 말했다. 이런 가정은 흔히 '일을 하는 적합한 방식'이나 '해서는 안 될 것들'에 대한 명백하고 공식적인 의식들과 암묵적인 규칙들로 가득 차 있다. 그 결과 아동은 매우 까다로운 행동지침과 옳고 그름에 대한 경직된 사고방식을 갖기 쉽다. 이것은 놀고 웃고 즐기려는 아동의 충동을 질식시키는 경향이 있다.

> 이러한 성인들은 본질적으로 너무 어른스러우며, 흔히 효과적인 양육방식을 통해 자녀들을 신속하고 완벽하게 자신들처럼 만든다. 어린애답고 동물적이며 열정적이고 감각적인 또는 자유분방한 요소들은 빈틈없이 통제를 당한다. 이러한 압력으로 고삐가 채워진 아동은 이것을 삶의 방식으로 받아들인다.
> (존슨, 1994, p275)

이러한 가정은 '단 일분만이라도 도덕규범들을 던져버리고 저를 좀 도와주시겠어요?' 라는, '**벽이 말할 수 있다면**'이라는 영화에 나오는 대사에 귀를 기울일 필요가 있다. 이런 가정에서는 애정 어린 신체접촉이나 신체를 통한 사랑의 표현이 없고, 따라서 아동은 신체적 활기가 없이 머리로만 살아가게 된다. 유아기가 지나면서 아동은 감각적인 박탈을 겪게 되는데, 이는 아무도 그를 거의 껴안아 주지 않는다는 것과, 아동이 살과 살이 맞닿는 즐거움이나 물 혹은 모래와 햇빛에 접촉하는 즐거움을 경험하지 못한다는 것을 의미한다. 한 마디로 죠와 같은 아동은 감각적인 세계에 살고 있지 않다.

**토니, 9세**

토니는 다른 애들과 나가 노는 것보다는 책읽기를 좋아하는 매우 틀에 박힌 아이였다. 교사들은 그가 전적으로 머리로만 사는 것 같아 걱정스러웠다. 휴가 때 그의 아버지는 해변에서 셔츠, 신발, 양말 등을 벗는 것을 상당히 불편하게 여겼다. 그는 토니와 신체접촉을 하는 것이 매우 힘들었다. 아무도 진정으로 토니를 껴안아주거나 안고 다니려고 하지 않았다. 그의 가정에는 살과 살이 맞닿는 즐거움이 없었다.

이러한 배경을 가진 죠와 같은 아동은 삶에서 긴장을 풀고, 재미있고 즐겁게 노는 법을 가르쳐줄 중요한 어른들을 갖지 못한 경우가 대부분이다. 어른이 잘 놀 수 있다면, 즉 상상적이고 즐겁게 감각적인 놀이를 즐길 수 있다면, 이는 정서적으로 건강하다는 징표이다. 행복하고 충만하며 정서적으로 건강한 사람들을 연구하는 데 일생을 바친

매슬로우는 이런 결론에 도달했다.

> 가장 성숙한 사람들은 가장 재미있게 노는 사람들이다. 이런 사람들은 마음대로 퇴행할 수 있으며, 어린애 같아 질 수 있고, 아동들과 가까워지고 같이 놀 수 있다... 소위 정상적인 성인의 적응이란, 우리를 위협하는 것들로부터 등을 돌리는 것이라는 생각이 점점 퍼져가고 있다. 우리를 위협하는 것들이란 부드러움, 환상, 정서, '어린애 같은 것'이다. (매슬로우, 1971, pp82-3, 89)

한마디로, 부모가 자발적으로 놀지 못하고 신체적으로 애정을 표현하지 못하는 사람이라면, 아동은 결코 진정한 의미의 아동기를 갖지 못한다.

## 부모나 교사들이 전적인 순종을 요구한다면, 아동은 죠와 같이 된다

> 그리고 태양을 안으로 들이기 전에, 신발을 닦으라고 하는 걸 잊지 마십시오. (딜런 토마스, 1995, p338)

'지나치게 모범적'이거나 풀어지지 못하는 아동은, 그들이 강렬하고 자유로운 감정들에 대해 무감각해 지도록 (아마도 이유를 알지 못한 채) 훈련을 받았기 때문이다. 문제는 이들의 삶과 열정이 너무 깊은 곳으로 숨어들어서 다시 찾기가 아주 어려울 수도 있다는 데 있다. 사실 이들은 대개 자신들이 강렬한 감정들을 가진 적이 있다는 것을 잊어버린다(특히 이런 감정들이 유아기에 억압될 경우). 그들은 겉으로 보이는 착하고 순종적인 모습이 정말로 자신들의 모습이며 그것이 전부라고 생각한다. 여덟 살 난 한 어린 소녀는 '나는 모든 게 따분해요. 그건 내가 따분한 아이이기 때문이에요. 그게 바로 **나예요**'라고 말했다.

어떤 아동은 부모에게서 사랑과 인정을 받아내기 위해 자신의 열정과 생명력을 잘라내 버린다. 그러므로 이런 아동이 겪는 비극적인 모순은, 사랑받기 위해서 그들 자신의 일부만을 살아야 한다는 것이다. 자녀가 부모와 강하게 애착되어 있는 상황에서 부모의 사랑을 잃는다는 것은 아동에게 견디기 어려운 것이다. 아동에게는 그 사랑이 공기, 산소, 존재하는 이유 그리고 자존감의 토대이기 때문이다.

어떤 부모나 교사들은 생생하게 살아있는 아동, 다양하고 풍부한 정서를 가진 아동, 자유롭고 열정적으로 (큰 목소리를 뜻할 수도 있는) 정서를 표현하는 아동을 전혀 견뎌내지 못한다. 그것은 대개 아동의 생기발랄함이, 무감각해진 그들 **자신들의** 감정과 너무 대조적이기 때문이다. 이들은 아동기에 흥분, 분노 혹은 반항과 같은 고조된 정서 상태를 이해받거나 동정 받지 못하고, 오히려 수치스럽거나 두려운 경험을 했던 사람들이다.

치료에서 한 아버지는 자신의 엄마가 너무 엄격해서 자신의 생기를 다 고갈시켰으며, 지금 자신도 무의식적으로 자녀들에게 똑같이 하고 있다는 것을 깨달았다. 아동기에 그는 조금이라도 생기 있는 것은 무엇이든지 (흥분, 떠들썩한 소리, 뒤죽박죽, 혹은 환호성과 같은) 혹독하게 비판하였다. 그는 그와 같은 것들에서 자신이 제거해버린 생기를 보는 것을 견딜 수  없었다. 사실 이런 성인들은 감정을 마음껏 표현하는 아동을 보는 것이 매우 고통스러울 수 있다. 그들은 종종 표현적인 아동에 대허 시기심(대개는 무의식적이거나 부인되는)을 느낄 수 있다. 그때 그들은 아동이 자연스럽고 열정적으로 감정들을 표현하면 안 되는 '이유들'을 찾기 시작한다. 그들은 즐거운 비명을 지르거나, 기뻐 날뛰거나, 목 놓아 울거나, 격노하는 것은 '나쁜,' '못된,' '기강을 어지럽히는,' '이웃을 배려할 줄 모르는,' '과잉 흥분하는' 행동으로 간주하여 '이것을 지금 억누르지 않으면 자신이 약한 부모나 교사'가 된다는 생각을 한다. 이들에게는 자신의 죽어버린 열정을 인식하는 것이 끔찍한 일일 수 있다. 그들에게는 너무 소란스럽거나, 과잉 행동적이거나, 통제 불능이라고 느껴지는 것을 비판하고, 조롱하고, 모욕을 주는 것이 '아동을 위한 최선책'이라고 정당화하는 것이 훨씬 더 편할 것이다.

이러한 어른들과 지내는 아동은 쉽게 수치심을 느낄 수 있다. 그때 아동은 대개 자신의 표현성과 확장성을 억제하게 된다. 그는 어른들에게 받아들여질 수 **있는** '사고'의 세계로 안전하게 철수하게 되고, 그의 개성이 지닌 풍요로움은 서서히 사라질 것이다.

**리찌, 10세**

상담에 오기 전에 리찌는 활기 없는 아이였다. 그녀는 학업성적은 좋았지만 어떤 것에도 열성을 보이지 않았다. 리찌는 네 살 때 (욕조에서) 보트경기 챔피언의 흉내를 냈던 일을 기억해냈다. 그녀는 엄마에게 '나 좀 봐요, 나 보트경기 챔피언이야!'라고 말했다. 엄마는 그녀가 '자랑'했고, '떠들고 사리분별이 없다'는 이유로 그녀를 벌주었다. 뿐만 아니라 일상생활에서 소리 내어 웃고, 즐거운 소리를 지르며, 기뻐 날뛴다는 이유로 야단을 맞았다. 한 번은 엄마에게 선물하려고 진흙 파이를 만들었는데, 그녀의 엄마는 부엌이 더럽혀진다고 당장 마당에 내다 버리라고 말했다. 리찌가 울음을 터뜨리자 아버지는 겁쟁이라고 놀리면서 '크고 강한 우리 딸은 어디 갔나?'라고 말했다. 리찌는 부모가 받아들일 수 있는 좁은 범위의 감정들에 맞추는 것을 배웠다. 부모의 승인을 얻는 대가로 그녀는 자신의 많은 것을 질식시켜야 했다.

리찌의 엄마가 딸의 사랑을 고맙게 받아들이고 삶의 기쁨을 그녀와 함께 나누었더라면, 얼마나 다른 결과를 가져왔을까! 리찌의 아버지가 그녀가 입은 마음의 상처와 슬픔으로부터 거리를 두지 않은 채, 함께 있어주고, 귀기울여주고, **헤쳐 나가도록** 위로해주었더라면 얼마나 다른 결과를 가져왔을까!

상담자가 자신의 부모처럼 반응하지 않는다는 것을 깨달은 후, 리찌는 자기를 충분히 표현하기 시작했다. 그녀의 열정은 꿈과 그림에서 화려한 색깔의 홍수와 지진의 이미지로 나타났다. 상담자가 그녀의 생기를 질식시키지 않고 격려해주자, 그녀는 다시 활기찬 삶을 살기 시작했다. 어떤 점에서 리찌는 영리했다. 집에서는 자신의 '생기'를 감추어 두었다가 학교에서 친구들과 있을 때에만 그것을 드러냈다. 이를 두고 학교에서는 '놀라운 변화'라고 했다. 교사들은 '그녀는 마치 어디엔가 갇혀 있었던 것 같다'고 말했다.

> 사회가 질서정연함이나 청결함 등의 경직된 도덕규율의 준수에 치우칠수록 … 인간 본성의 다른 측면-생명력, 자발성, 관능성, 비판적 견해 그리고 내적 독립심-에 대한 두려움은 더욱 깊어지며, 이 감추어진 영역을 고립시키고 침묵으로 에워싸거나 제도화하려는 노력은 한층 더 심해질 것이다. 매춘, 포르노 산업 그리고 군대처럼 전통적으로 남성들로만 이루어진 집단에서 전형적으로 나타나는 거의 강제적인 외설은 청결과 질서의 이면으로 합법화되거나 심지어는 필수적으로 요구된다. (밀러, 1990, p192)

## 아동이 충분한 활기를 만나지 못할 때 무디거나 무감각한 모습을 보일 수 있다

> 오후가 되면 나의 어머니와 아버지는 잠을 자러 들어가셨다. 그것은 곧 죽음으로 들어가는 것이었다. 그들은 실제로 오후 내내 죽어 있었다.
> (알바레즈, 1971, p148)

아동이 집이나 학교에서 지루하다고 계속 불평한다면, 그것은 이들이 뭔가 죽어있는 분위기 혹은 너무 무감각한 교사나 부모들에 관해서 말하고 있는 것이다. 밋밋해 보이는 일부 아동은 어른들과 지나치게 메마르고 형식적인 상호작용을 했거나 아니면 정반대로 지나치게 심각한 상호작용을 했던 아동이다. 어떤 학교나 가정에 들어가면 곧 따분한 분위기가 느껴진다. 공기는 생기 없이 쓸쓸하고 무겁다. 그곳은 때로는 법정 같고, 때로는 시체보관소 같으며, 때로는 엄격한 수녀원 같고, 때로는 철저히 살균시켜 관능적인 감각이라곤 찾아볼 수 없는 병원과도 같다. 그곳의 분위기는 때로는 죄책감과 수치심으로 무겁게 가라앉아 있고, 때로는 냉랭한 침묵으로 맥이 빠져있으며, 때로는 오랫동안 따뜻함과 부드러움을 주고받지 않아서 삭막하고, 때로는 부모들 사이에 뭔가가 완전히 죽어있으며, 때로는 우울한 분위기가 어른거린다.

아직 자기를 형성하는 과정에 있는 어린 아동이 불행히도 이러한 분위기에 너무 노출되어 있게 된다면, 이것은 그들 내면에서 무거운 짐이 되기 시작하고 소위 그들의 피 속으로 들어가 그들이 세상을 사는 방식으로 자리 잡게 될 것이다. 부모가 자신들의 감정을 부인할수록 아동이 져야 할 짐은 더욱 무거워진다.

**자신 안에 갇혀있는 것 같다고 말하는 맥스 (청소년)**
내가 어렸을 때 엄마에게 '엄마, 엄마의 우울은 작은 일이 아니에요. 그것은 집안 전체에 스며들고 있을 뿐만 아니라 나를 죽게 해요'라고 말할 수 있었다면 얼마나 좋았을까!

**샐리 (청소년)**
샐리는 매우 진지하고 너무 착한 소녀였다. 16세가 되었을 때 그녀는 주요 우울증으로 치료를 받게 되었다. 샐리의 아버지는 늘 '나는 다 괜찮아'라는 식으로 행동했지만 속으로는 아동기에서 기인한 패배감을 갖고 살고 있었다. 그는 자신의 두려운 아버지로부터 살아남기 위해서 스스로 모든 열정을 죽여 버렸다. 샐리는 그것을 감지했다. 치료에서 그녀는 '나를 두렵게 하는 것은 삶이 아니라 내 안에 갇혀있는 죽음이에요'라고 말했다.

어떤 아동은 삶에서 오랜 시간에 걸쳐 지속적이고 반복적으로 따뜻하고 개방적이며 매우 생생한 접촉을 줄 수 있는 사람을 발견함으로써 죽음의 상태에 머무르는 것에서 벗어날 수 있다. 때로 이들은 친척아줌마나 친근한 이웃, 혹은 좋은 보모나 교사들일 수 있다. 이들은 반드시 아동이 일상적으로 접촉할 수 있는 사람이어야 한다. 이런 사람들과의 스쳐가는 만남이나 간헐적인 상호작용으로는 죠와 같은 아동의 삶의 방식을 변화시키거나 고무하기에 부족하다. 정말 비극적인 일은 죠와 같은 아동이 아동기에 그러한 인물을 만나지 못하는 것이다. 로완이 말하듯이 '우리는 성장을 선택할 수도 있고 정체, 혹은 쇠퇴를 선택할 수도 있다. 성장하도록 격려 받지 못하는 세상에서 아마 우리들 대부분은 거의 또는 전혀 성장하지 못할 것이다.'(1986, p13)

## 부모는 강렬한 감정이 위험하다는 것을 자녀에게 무의식적으로 강력하게 전달한다

> 생의 어느 지점에선가, 나는 그저 작고 좋은 감정들만 갖는 것을 배웠다.
> (찰스, 14세)

때로 부모는 자녀에게 강렬한 감정의 '위험한' 특질에 대해 강력하고 '은밀한' 방식으로 전달한다. 강렬한 감정들로 인해 '뒤죽박죽될 것 같은' 위협을 느끼는 부모들은 종종 통제 양태로 옮겨간다. 그들은 자녀의 시간, 공간, 믿음, 감정 욕구를 통제하고자 한다. '아냐, 넌 그렇게 느껴서는 안 돼, 이렇게 느껴야 해,' '아냐, 너는 이걸 원해야지. 저게 아니야.' 자신의 감정을 방어하고 있는 부모들은 아기나 자녀들에게서 표현되는 강한 정서들(괴롭거나 열광적인)을 매우 불편해할 수 있다. 그것은 그들이 감정이 통제되지 않는 데 대한 두려움을 갖고 있기 때문이다.

아동의 살아있는 감정들은 부모를 위협하는 어떤 것을 건드린다. 어떤 부모들은 자녀가 어지르는 것을 못 견디는데, 그것은 어질러진 상태가 그들에게서 혼란에 압도되는 두려움을 유발하기 때문이다. 그러나 무의식적인 수준에서 그들이 그토록 위협을 느끼는 이유는 그들 자신의 내적인 혼란, 즉 처리하지 못하고 소화하지 못한 채 억눌러 놓은 감정들 때문이다. 이들은 종종 아동이 방을 어질러놓은 것에 대해 과잉반응을 하고 혐오하면서, 자신들의 내적 혼란을 그 방의 장면에다 투사한다. 어떤 부모는 '나는 부엌 바닥에 널려있는 빌리의 장난감들을 볼 때면 비명을 지르고 싶어요. 문에 묻은 잼 자국 하나도 나를 격노하게 만들고 내 피를 끓어오르게 해요 … 나도 그게 비이성적이라는 걸 알아요, 하지만 … ' 불행히도 바로 그 순간에 많은 아이들은 깔끔함에 대한 부모의 강박적인 욕구를 내재화한다.

아동은 삶에서 만나는 어른들이(부모와 교사) 가진 정서적 금지에 매우 취약하다. 그 어른들이 분노, 흥분, 기쁨의 감정들과 자발적이고 자유롭고 충동적일 수 있는 능력을 차단한다면, 슬프게도 인간됨의 풍부한 색채들은 부분적으로든 대대적으로든 아동 안에서 일깨워지거나 태어나지 못한 채 남아있게 될 것이다. 이런 의미에서 앤 알바레즈(아동 심리치료사)는 '철수한'(withdrawn) 아동과 대조되는 '일깨워지지 않은'(undrawn) 아동에 대해 말한다.(1992; 1997)

'느껴서는 안 된다'거나 '그것은 느끼지 마라'는 신념체계를 가진 많은 가정에서는 비언어적인 메시지가 한 세대에서 다음 세대로 전해진다. 예를 들어, 가정의 신념체계는 여자아이들로 하여금 강하기보다는 아름답기를 바라는 (즉, 장식품이어야 하는) 대대로 이어지는 가족규범에 순응하기 위해 남성적인 특질들을 스스로 차단하게 만들 수 있다. 마찬가지로, 남자아이들은 여성적인 특질들을 제거함으로써, 부드럽고 사랑스러운 감정들을 느끼지 못하게 될 수 있다.

## 강박적인 행동이나 과도한 질서정연함도 살기 위한 노력이다

충동적인 의례들과 외현적인 질서정연함에 대한 논리는 다음과 같이 전개된다. '내가 외부세계의 어떤 것을 정돈하면 나의 내면세계는 더 잘 통제될 수 있을 거야.' 그러나 불행한 사실은 내적 혼란을 덮기 위해 외부 질서를 세우려고 노력할수록, 내적인 혼란은 더 강한 압력을 받게 된다는 것이다. 이런 압력으로 인한 에너지는 갖가지 신경증적인 증상으로 새어나오게 된다. 그러므로 죠와 같은 많은 아동은 강렬한 감정들을 억누르려고 노력할수록, 더 갑갑하고 강박적이거나 '직선적인' 삶을 살고 있다는 감정의 악순환에 빠지게 된다.

죠와 같은 아동은 대부분 너무 많은 혼란과 불안에 방치된 상태로 유아기를 보낸 아동이다. 그들은 그 시기에 그들이 겪은 고통을 처리해낼 수 있도록 충분한 위로와 도움을 받지 못했다. 그들은 아동기에 들어서면서 유아기에 발생한 위험한 감정들을 몰아내기 위해 강박적인 행동들을 발달시키게 된다. 자신의 감정을 '생각을 통해 이해하기'에는 너무 어린 나이에 '스스로 안아주는 방법'을 터득했던 아기는 이후의 삶에서 질서에 대한 의례를 발달시킬 수 있다.

죠와 같은 아동이 위험하게 느끼는 정서들을 아무도 도와주지 않는다면, 그들은 강박적인 의례나 그와 유사한 통제행동들이 세상을 안전하게 만드는 유일한 방식이라고 느낄 것이다. 그들은 사람들이 세상을 안전하게 만들어줄 수 있을 거라는 믿음을 버리고, 스스로 세상을 안전한 곳으로 만들기 위해 단호한 조치를 취해야만 했다. 일부 아동의 확인 의례는 어떤 것에 집착함으로써, 적어도 환경의 일부를 예측이 가능하고 믿을만한 것으로 만들고자 하는 노력이다. 전구가 꺼졌는지를 확인해야 하는 의례행동으로 고통받는 한 청소년은 '나는 전구와 스위치에 집착하는 것 같아요. 그게 내게 위안을 줘요' 라고 말했다.

## 아동은 삶에서 누군가를 두려워하기 때문에 긴장을 풀기를 두려워한다

어떤 아동은 마음껏 표현하고 마음 내키는 대로 하는 것을 매우 두려워한다. 그렇게 할 수 있으려면 내면에서 자유로움을 느껴야 한다. 횡포하거나 독재적인 부모나 교사에 의해 너무 많은 비판이나 명령 혹은 실제적인 학대를 받았다면, 아동의 삶은 자유롭고 개방적이고 표현적인 것이 될 수 없다. 치료시간에 한 여성은 어렸을 때 한 친척이 그녀에게 반복해서 했던 말을 기억해냈는데, 그것은 '가서 네 사촌을 찾아, 그가 뭘 하고 있든 당장 그만 두라고 해'라는 것이었다. 그것은 오랫동안 그 가족의 농담으로 남아있었지만, 그녀는 사촌이 점점 더 철수되어가는 모습을 보았던 것을 기억했다.

끊임없이 비판하고 비난하고 두렵게 만드는 부모(교사) 밑에서 아동은 '활짝 피어나지' 못한다. 설령 외적인 삶에서는 많은 것을 성취할 수 있을지 몰라도, 인간성 발달이라는 측면에서는 아무것도 꽃피울 수 없다. 무서운 부모를 가진 아동은 상상속의 위험을 물리치기 위해 강박충동적인 행동이나 의례들을 발달시킨다. 이는 마치 '악령'을 몰아내듯이, 너무 무서운 부모의 힘을 물리치려는 시도의 표현이다.

## 아동은 외상을 겪을 때 강박행동에 사로잡힌다

만일 아동이 심각한 충격이나 외상을 겪었다면, 그는 삶을 통제할 수 없다고 느낄 수 있다. 외상은 세상은 안전한 곳이라는 아동의 느낌을 뒤흔들어 놓을 수 있다.

내면의 모든 것이 뒤흔들리고 동요하고 곤두박질친다고 느낄 때, 많은 아동은 하나의 대처방안으로서 외부 세계에 질서의 느낌을 부여하려고 시도한다. 한 전문가는 근친상간을 경험한 개인들이 빈번하게 '대수롭지 않은 것을 거의 맹목적으로 통제하려고 한다'는 사실을 발견했다. 충격이나 외상 후에 강박충동적인 의례를 발달시키는 경우, 그 의례들은 대개 그들의 내면세계에서 모든 것이 흐트러지고 무방비 상태로 치닫는 것을 막기 위해, 외부 현실을 체계화하고 수정하려는 시도이다. 강박 아동의 경우, 방해받는 일 없이 정돈의 의례들을 성공적으로 완수하는 것이 마치 생사가 달린 문제처럼 느껴지는 것은 바로 이런 이유 때문이다.

그러나 의례들이나 충동적인 질서의 행동은 일시적인 위안만을 줄 뿐이다. 대부분 전문적인 도움이 없다면, 외상으로 인한 감정들은 처리되지 않은 채 남게 되며, 그것이 처리되지 않는 한 신경증 증상들은 지속될 것이다.

## 죠와 같은 아동이 도움을 받지 못한다면 어떤 삶을 살게 될까?

도움이 없을 때, 죠와 같은 아동은 의심의 여지없이 정형화된 삶에 빠지게 된다. 그리고 과도하게 정돈된 갑갑한 삶의 태도는 그들을 사로잡는 습관으로 굳어진다. 그러나 어떤 아동은 특정 단계에서 반란을 일으킨다. 이들은 갑자기 '어지러운' 감정들이 용납되지 않는 가정에서 지나친 통제를 받으면서 살아가는 것이 숨이 막히고 감옥에 갇힌 것처럼 느끼게 된다. 그러한 느낌은 정서가 철저하게 억압된 삶의 방식에 대해 심한 반발을 일으킬 수 있다.

이런 아동은 청소년기에 지나치게 정돈된 아동기의 삶을 탈출하려고 시도할 수 있다. 흔히 이들은 독립을 향한 과격한 이동, 빠르게 변하는 호르몬과 신체 변화로 인한 급격한 기분의 변동, 그리고 최초의 성경험 등과 함께 체제에 반항하는 모습을 보인다. 청소년이 섹스나 마약을 시도할 때, 그것은 경직된 삶을 유지해오던 가정을 위협하는 최대의 사건이 된다. 이것은 가정을 산산조각 낼 수도 있다. 이와는 달리, 극도로 취약한 자기의 응집성을 질서에 힘입어 유지해온 경우, 이러한 질서의 와해는 불행히도 청소년의 정신적 붕괴를 가져올 수 있다.

심하게 억제된 자기를 가진 일부 아동은 그 반동으로 인해 이후의 삶에서 무질서한 삶으로 이끌릴 수 있다. 그러나 문제는 이 과정에서 무질서가 지나쳐 극도로 위태로운 삶을 살게 된다는 것이다. 그들은 마치 잃어버린 시간을 보상하기라도 하듯이, 술독에 빠지고 위태롭게 운전하며 마약을 복용하고 아무 데서나 잠을 잔다. 어떤 이들은 여러 사람들에게 상처를 주는 혼외정사에 얽혀들거나, 돈을 낭비하거나, 생각 없이 빚보증을 섬으로써 '혼돈에 대한 욕구'를 스스로 충족시킨다.

# 아동에게 '너무 반듯한 죠'를 읽어준 다음 무엇을 할 것인가?

이 부분은 **너무 반듯한 죠** 이야기를 읽어준 다음에 할 수 있는 이야기와 활동들을 제공하고 있다. 과제와 게임과 연습들은 그들 자신들의 감정들을 보여주고 있는, 이야기 속의 주제와 관련해서, 아동이 감정들에 관해 생각하고 표현하고 더 나아가 심리적으로 소화할 수 있게 하기 위해 고안되었다.

앞서 말한 바와 같이, 아동은 종종 자신의 감정을 일상적인 언어로 분명하고 충분하게 말하지 못한다. 그러나 그들은 대개 그들의 감정을 그림이나 놀이를 통해서 보여주거나 실연하는 것은 잘 할 수 있다. 그런 의미에서 여기에서 제시되는 연습들은 아동으로 하여금 창의적이고 상상적이며 놀이적인 방식으로 자신의 감정을 표현할 수 있도록 돕는 데 그 목적이 있다. 아동에게 너무 많은 질문을 하지 않기 위해서 (아동은 곧 심문하는 것처럼 느낄 수 있으므로), 몇몇 연습들은 단지 네모 칸에 표시를 하거나 단어나 이미지를 고르도록 되어 있다. 과제와 게임과 연습들은 또한 아동이 자기 자신의 이야기를 만들어내도록 고무하기 위해 고안된 것이다.

**참고** 과제와 연습들은 순서대로 하도록 만들어진 것이 아니다 . 또 한 번에 너무 많은 것을 하려고 시도하기 쉬운데, 그러면 아동은 폭탄세례를 맞는 것처럼 느낄 수 있다. 그러므로 함께 작업하는 아동의 연령과 주제에 대한 아동의 개방성 정도를 고려하여 아동에게 적합하다고 생각되는 것들을 선택하라. 아동을 위한 설명은 회색 글상자에 있다.

## ☆ 윌리나 죠처럼 느껴질 때

여러분은 윌리처럼 느낀 적이 있나요?
언제 그렇게 느꼈나요?

______________________________

______________________________

여러분은 죠처럼 느낀 적이 있나요?
언제 그렇게 느꼈나요?

______________________________

______________________________

## ☆ 기분 좋게 느껴지는 장소

윌리와 죠는 웅덩이 나라를 발견했을 때 기분이 훨씬 좋아졌어요.

◎ 여러분이 더욱 행복해지거나 기분이 좋아질 거라고 생각되는 실제 혹은 상상의 장소가 있다면 그림으로 그려보세요.

◎ 거기 있는 사람들은 어떤 사람들인가요?

◎ 그 사람들은 여러분을 어떻게 대하나요?

◎ 그 사람들은 여러분을 어디로 데리고 가나요?

◎ 그 사람들은 여러분에게 어떤 말을 하나요?

## ☆ 웅덩이 나라에 놀러가기

◎ 여러분이 웅덩이 나라에 갈 수 있다면, '잔잔한 연못'과 '시끌벅적한 연못' 중 어디로 가고 싶은가요?

◎ 그 이유는?

◎ 그 곳에서 무엇을 하고 싶은가요? 그림으로 그리거나 말해보세요.

## ☆ 여러분의 삶이 정원이라면

◎ 여러분의 삶이 정원이라면 어떤 종류의 정원일까요? 너무 무성하거나 아니면 너무 말끔하거나 혹은 잡초가 무성하거나 꽃이 많거나 아니면 아무 것도 자라지 않거나 혹은 해를 가리고 있는 높은 벽이 있는 정원일까요?

◎ 그 정원을 그려보세요.

◎ 여러분의 정원에서 무엇을 바꾸고 싶은가요?

◎ 여러분의 정원에서 그대로 두고 싶은 것은 무엇인가요?

## ☆ 나의 흔들리는 감정들

아동이 실제로 종이 위에다 크고 걸쭉한 덩어리를 만들 수 있도록 물감, 고무점토, 찰흙 등을 준비한다.

◎ 젤리처럼 흔들거리는 감정을 종이 위에다 걸쭉한 덩어리로 만들어서 보여주세요.

◎ 어떤 느낌이 드나요. 이제 다 만들었나요?

◎ 마음속에서 이것처럼 느끼고 있나요?

◎ 그렇다면, 속에서 느끼는 감정이 종이 위의 덩어리보다 더 큰가요, 작은가요?

## ☆ 나의 너무 정돈된 감정들

◎ 이제 아주 말끔하고 정돈된 모양을 만들어보세요.

◎ 어떻게 느끼나요. 이제 다 만들었나요?

◎ 마음속으로 이것처럼 느끼고 있나요?

◎ 만약 그렇다면, 여러분은 스스로 그린 모양보다 더 말끔하고 정돈된 것처럼 느끼나요, 아니면 덜 그렇다고 느끼나요?

## ☆ 걱정으로 흔들리는 마음

헝클어진 뜨개질 ☐

흔들거리는 젤리 ☐

크고 지저분한 웅덩이 ☐

전화 벨 소리, 아기 울음소리, 빵빵거리는 자동차소리, 고함치는 사람들, 개가 짖는 소리 등, 모두 것이 한꺼번에 일어남 ☐

들고 가던 물건이 떨어져 온통 흩어져버림 ☐

박쥐와 나방이 너무 빨리 날아다니다가 어딘가에 부딪침 ☐

언제라도 깨지고 부서질 수 있는 아주 얇은 유리 같은 것들 ☐

물건을 찾을 수 없을 정도로 어질러진 침실 ☐

꽉 찬 쓰레기통 ☐

너무 많은 조각들로 이루어진 물건들 ☐

너무 웃자란 정원 ☐

아주 빠르게 점멸하는 불빛 ☐

책상에서 미끄러져 떨어지는 종이 더미 ☐

폐허가 된 장소 ☐

폭풍이나 허리케인 ☐

여러분에게 맞는 것을 찾을 수 없다면, 여러분이 속에서 '걱정으로 흔들린다'고 느꼈을 때의 이미지를 그림으로 그리거나 글로 써보세요.

## ☆ 나의 머릿속에 있는 어른들

다음 그림 중, 여러분의 머릿속에 어떤 어른들이 있는지 표시하세요. 그들은 여러분이 생각하고 싶지 않을 때도 너무 자주 생각나는 사람들이에요.

1 고함치는 사람 ☐

2 친절하고 온화한 사람 ☐

3 나보다 다른 아이들을 더 좋아하는 것처럼 보이는 사람 ☐

4 세상이 매우 안전하다고 느끼게 해주는 재미있고 따뜻한 사람 ☐

5 두렵게 하는 사람 ☐

6 내가 속상할 때 기분이 좋아지고 차분해지도록 위로해주는, 웅덩이의 여왕 같은 사람 ☐

머릿속의 어떤 사람들이 여러분의 마음을 더욱 불안하게 하나요? 그리고 어떤 사람들이 불안을 덜어주나요?

**그림 9**
여러분 머릿속에 있는 어른들

## ☆ 흔들리는 나와 흔들리지 않는 나

◎ 흔들린다고 느낄 때 여러분은 자신이 어떤 사람처럼 느껴지나요?

◎ 찰흙으로 그 모습을 만들어보세요.

◎ 그 감정을 움직임으로 나타내보세요.

◎ 어떤 것처럼 느껴지는지 음악으로 연주해보세요.

◎ 이럴 때의 여러분을 그림으로 그려보세요.

◎ 안에서 흔들린다고 느끼지 않을 때 그것은 어떤 느낌인가요?

◎ 찰흙으로 그 모습을 만들어보세요.

◎ 그 감정을 움직임으로 나타내보세요.

◎ 어떤 것처럼 느껴지는지 음악으로 연주해보세요.

◎ 안에서 흔들리지 않을 때의 좋은 느낌을 그림으로 그려보세요.

## ☆ 이름 없는 감정들

다음의 연습들은 이름을 붙일 수가 없기 때문에 더욱 더 위협적으로 느껴질 수 있는 감정들을 다룰 수 있도록 돕기 위한 것이다.

◎ 여러분은 그것이 무엇인지 알지 못하기 때문에, 혹은 이름을 붙일 수가 없기 때문에 고민하는 감정들이 있나요? 여러분이 이렇게 이름 없는 감정들을 가지고 있다면, 마음속으로 어떻게 느껴지는지 그림으로 그리거나 타악기로 연주해보세요.

◎ 요란한 감정인가요 아니면 조용한 감정인가요?

◎ 부드러운 감정인가요 아니면 딱딱한 감정인가요?

◎ 여러분을 기분 좋게 만드나요? 아니면 기분 나쁘게 만드나요?

◎ 이러한 감정이 장소를 나타낸다면 어떤 곳이 될까요? (예를 들면, 시끄러운 도시, 사막, 불쾌하고 냄새나는 화장실 등) 그것을 그림으로 그려보세요.

## ☆ 감미로운 음악처럼 느껴지는 사람들

◎ 여러분이 정말로 같이 있고 싶어 하는 사람들을 떠올려보세요.
이 사람의 에너지를 색칠해보세요.

◎ 차분하거나 부드러운 에너지인가요 아니면 활기찬 에너지인가요?

◎ 그것을 어떻게 표현할 수 있을까요?

◎ 이 사람과 함께 있을 때, 어떤 느낌이 드는지 타악기로 연주해보세요.

◎ 움직임으로 나타내보세요.

### ☆ 걱정 가방

이 연습은 훌륭한 아동심리치료 동화인 버지니아 아이언사이드의 **커다란 걱정 가방**에서 착상해낸 것이다.

◎ 윌리의 걱정들은 온통 그가 살고 있는 흔들리는 세상에 관한 것이었어요. 여러분은 무엇을 걱정하고 있나요?

◎ 걱정 가방을 만든 다음, 작은 쪽지에 여러분의 걱정을 모두 써서 그 가방 안에 넣으세요.

◎ 어떤 걱정들에 대해 도움을 받고 싶은가요?

◎ 걱정 가방을 안전하게 보관하세요. 여러분의 걱정 하나가 없어질 때마다 X 표를 해서 '휴우!'라고 부르는 다른 가방에 넣으세요.

### ☆ 걱정거리들을 바라보기

여러분의 걱정들과 여러분을 그려 보세요.

◎ 걱정들이 여러분을 어떻게 하고 있나요? 예를 들면, 걱정들이 여러분을 공격하는 것처럼 느껴지나요, 아니면 거기에 빠져들거나 그 속에서 길을 잃는 것처럼 느껴지나요?

◎ 이제 여러분이 걱정거리들 옆에 앉아 있다고 상상해보세요. 아니면 걱정들이 단지 조그만 부분처럼 보이게, 여러분의 인생 전체가 내려다보일 만큼 높은 데서 걱정거리 위를 날고 있다고 상상해보세요. 아니며 강 위의 보트처럼 걱정들이 흘러가고 있다고 상상해보세요. 바람에 휘어지지만 부러지지 않는 나무들이 있어요.

◎ 이 중에서 가장 여러분 마음에 드는 장면을 그려보세요. 그림 속에 여러분의 걱정들을 그려보세요.

걱정거리들을 다른 각도에서 바라보도록 적극적으로 상상하게 하거나, 이들을 보다 작게 느끼도록 하는 것은 불안을 가진 아동에게 큰 도움이 된다.

## 죠와 같은 아동을 위한 연습

### ☆ 시끌벅적한 연못

이 연습의 목적은 죠와 같은 아동이 감각의 세계로 돌아가 어린 아이들처럼 물, 모래, 찰흙 등을 (가능한 것이면 무엇이든) 탐색하도록 고무하는 데 있다. 그러나 죠와 같은 아동은 이것을 너무 위협적으로 받아들여 어지르는 놀이를 거절할 수도 있다. 그럴 경우, 연습을 완화시키라. 예를 들어, 그냥 시끌벅적한 연못을 점토로 만들거나 그리게 하라.

> 모래상자 안에 시끌벅적한 연못을 만들어보세요. 여러분 자신만이 만들 수 있는 진짜 재미있는 장소로요. 여기 물/탁구공/마시멜로/풍선/찰흙/손가락 물감/흙/비누방울/점토/나뭇잎이 있어요. 무엇이든 여러분이 원하는 것을 사용하세요.

### ☆ 쿠션 위에서 쓰러지는 젤리

이 연습의 목적은 죠와 같은 아동이 머리로만 살지 않고 신체적인 감각의 세계로 돌아올 수 있게 하는 데 있다. 또한 쿠션처럼 안전하고 부드러운 것을 이용해서 긴장을 푸는 것을 연습시키고자 한다. 쿠션을 두렵게 느낀다면 연습을 좀 더 완화시켜, 큰 비치볼 위에서 뒹굴거나 베개싸움을 하거나 또는 쿠션을 안고 달려오다가 서로 부딪치는 놀이 등을 하게 하라. '쓰러지는 젤리' 놀이를 할 때 죠와 같은 아동은 바보 같다고 느끼거나 당황해하거나 무방비 상태라고 느끼기 쉽기 때문에, 당신이 먼저 재미있고 안전하게 시범을 보여야 할 것이다. 또한 이러한 아동은 대개 긴장을 풀지 못하기 때문에 어른이 먼저 긴장을 푸는 시범을 보여주어야 한다. 그러므로 아동이 하는 것을 지켜만 보는 일은 피하도록 하라. 이 연습의 핵심은 서로가 나누는 경험, 즉 '같이 하는' 데에 있다.

마지막으로 죠와 같은 아동은 다시 통제로 돌아가기 위해 빨리 일어나는 경향이 있으므로 쿠션 위에 몸을 맡기고 푹 늘어져 있도록 토닥여준다.

> 여기 쿠션이 잔뜩 쌓여 있어요. 우리는 쿠션들 위에서 쓰러지거나 구르거나 혹은 베개싸움을 할 수도 있어요.
> 아니면 같이 쓰러지는 젤리 놀이를 해요. 우리는 너무 흐물흐물해서 결국 젤리처럼 쓰러지고 말거예요.

## ☆ 자신이 똑바른 줄처럼 느껴지나요?

여러분은 죠가 그랬듯이 똑바른 줄처럼 느껴지나요?
다음 그림 중에서 여러분처럼 느껴지거나 여러분의 삶처럼 보이는 것에
색칠해보세요.

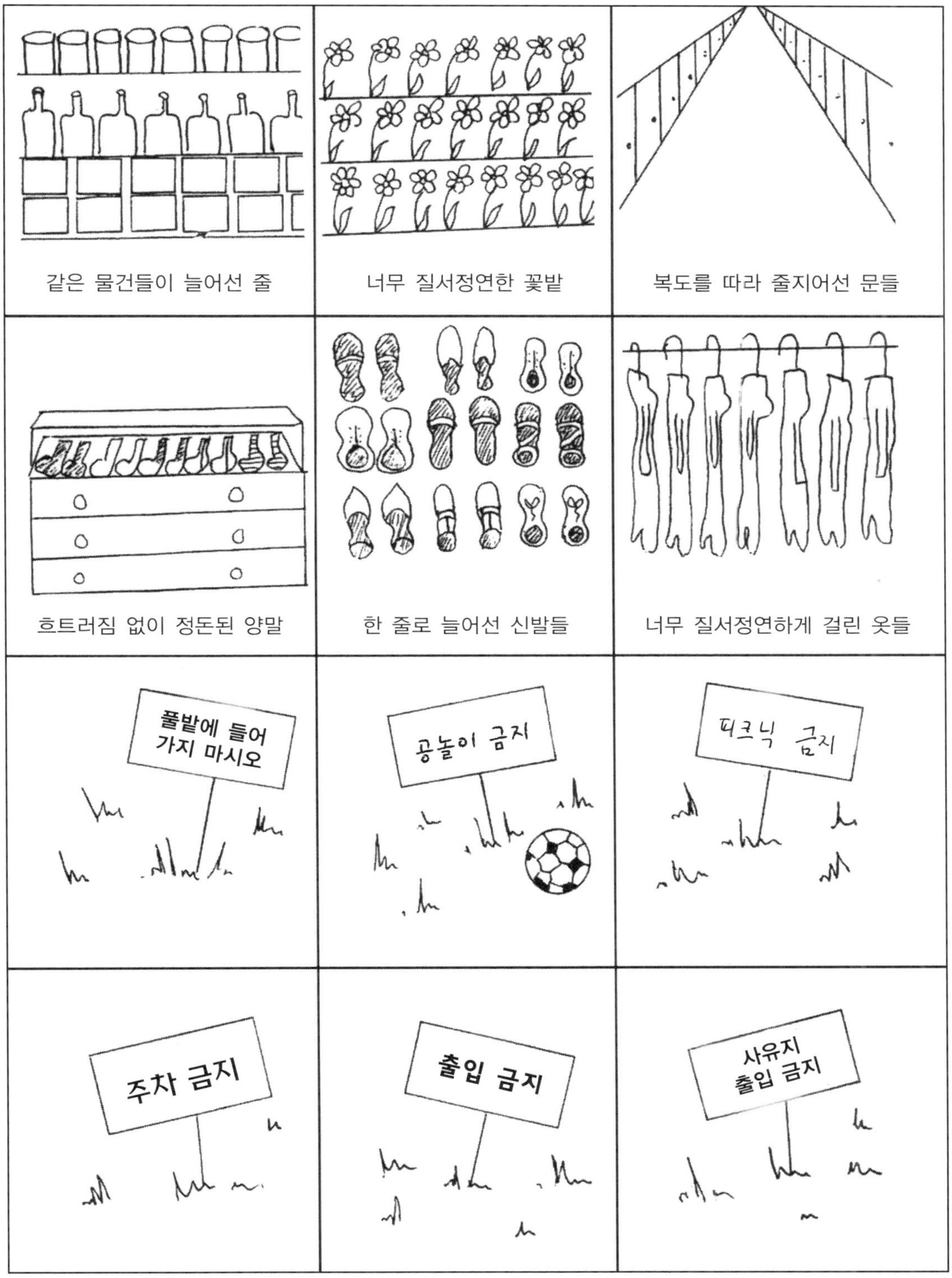


**그림 10**
똑바른 줄들

### ☆ 야호!!!!! 신나는 감정들

이 연습은 죠와 같은 아동으로 하여금 보다 개방적이고 자유로운 방식의 삶을 시도해보고, 재미있고 놀랍거나 혹은 터무니없는 이미지를 통해서 상상과 유머의 창조적인 세계로 들어가도록 돕기 위한 것이다. 자신에게 놀이와 즐거움을 차단해버린 아동이 자발적으로 그러한 세계와 다시 연결되는 데는 아주 오랜 시간이 걸릴 수 있다. 아동의 수줍음을 최소화하고 즐거움을 극대화할 수 있도록 조절하라.

**다음과 같은 감정을 그려보거나, 만들어보거나, 연주해보거나, 움직임으로 나타내보세요.**

◎ 폭포
◎ 놀이터의 미끄럼
◎ 크게 트림하기
◎ 쇠똥 위에 서있기
◎ 나무에서 떨어지는 사과
◎ 노래하는 소시지
◎ 신나는 민속춤
◎ 풀밭 언덕에서 굴러 내리기
◎ 재미있는 연못에서 놀기
◎ 철벅거리는 진창

### ☆ 우리는 할 수 있어

이것은 죠와 같은 아동에게 즐긴다는 것이 어떤 것인지, 다른 사람과 신나고 자유롭고 상상력이 풍부한 시간을 갖는 것이 어떤 것인지를 실제로 느껴보게 하기 위한 게임이다. 어른의 입장에서 본다면, 이것은 여러 명이 어떤 창의적인 일이나 생각에 고무되어 들떠있는 순간에 해당된다. 우스꽝스러운 세계를 방문해보는 것은 과도하게 심각한 삶의 방식에 고착되어 있는 아동에게 그 고착에서 벗어날 수 있는 매우 효과적인 수단이 될 수 있다.

이 게임은 '그래 우리는 할 수 있어'라는 말 뒤에 여러분이 어떤 말을 덧붙이는 거예요. 가장 먼저 마음속에 떠오르는 걸 말해 보세요. '그래 우리는 할 수 있어, 일 분에 바나나 500개를 먹는 거야.' 혹은 '그래 우리는 할 수 있어, 달나라에 가서 소풍을 즐기는 거야' 라는 식으로 말할 수 있겠지요. 그 다음에는 여러분이 말한 것을 우리가 함께 동작으로 표현해보는 거예요. 그 다음은 내 차례예요. 내가 '그래 우리는 할 수 있어'라고 말하고 난 다음에 우리가 함께 그것을 동작으로 나타내는 거예요. 그 다음엔 역할을 바꾸어서 하는 거죠.

이 게임은 한 동작이 30초를 넘지 않게 한다. 이는 분위기의 탄력성을 유지하고 당혹감을 최소화하기 위한 것이다.

### ☆ 정확히 30초 내로 '… 해 봅시다' 게임

이 연습은 지나치게 심각한 아동을 함께 창의적인 활동을 나누는 즐거움의 세계로 초대하기 위한 것이다. 아래에 있는 활동들 중에 어떤 것이든 선택할 수 있다(실제로 또는 상상 속에서 무언의 몸짓으로). 중요한 것은 각 연습을 30초 이내로 빠르게 하는 것이다. 이것은 아동의 마음속에서 '하지 마,' '안 돼, 이건 너무 지저분해,' '안 돼, 너무 바보 같아,' 혹은 '이걸 하면 뭔가 나쁜 일이 생길 거야'와 같이 방해하는 목소리가 올라올 수 있는 기회를 주지 않기 위한 것이다.

◎ 흙, 모래, 진흙 또는 찰흙으로 파이를 만들어봅시다.

◎ 종이 위에 흙이나 찰흙, 또는 물을 섞은 케이크가루로 질척한 반죽을 만들어봅시다. 반죽에 손을 담가 쥐어짜기도 하고 두드려도 봅시다.
손가락으로 그림을 그려봅시다.

◎ 그리기 시작해요. 하지만 무엇을 그릴지는 미리 생각하지 마세요.

◎ 손이 아니라 발로 그려 봅시다(양말을 벗고 발가락 사이에 연필을 끼워야 해요).

◎ 싱크대에서 잠수함 놀이를 해봅시다. 잠수함은 종이로 만들 거예요.

◎ 비눗방울을 불어봅시다.

◎ 찐득찐득하고 끈적거리는 음식을 손가락으로 같이 먹어봅시다.

◎ '우리가 함께할 수 있는' 다른 무언가가 있을까요?

### ☆ 사람들의 에너지

이 연습은 아동에게 자신이 삶에서 만난 사람들의 에너지 상태를 더 잘 인식하게 하기 위한 것이다. 예를 들어, 아동은 무의식적으로 그의 우울한 엄마나 불안한 아버지의 에너지를 닮았을 것이다. 이 연습은 또한 아동에게 다른 방식의 심리적인 에너지를 실험할 기회를 주기 위한 것이다. 예를 들어, 아동은 아주 큰 소리로 심벌즈를 부딪치면서, 보다 자신감 있고 자기 주장적인 방식을 연습할 수 있다. 아동이 새로운 에너지를 유지하도록 돕기 위해서는 당신이 그와 나란히 악기를 연주해도 좋을 것이다. 다시 한 번 말하지만, 죠와 같은 아동은 이런 활기찬 에너지를 함께 나누는 경험이 매우 드물었을 것이기 때문에 이 연습을 재미있어 할 것이다. **그러나 당신의 연주가 그를 앞지르지 않도록 주의하라.** 그보다는 그가 하고 있는 것을 증폭시켜주라. 아동에게 정서적 에너지 개념을 설명해주기를 원한다면, 당신이 먼저 모범을 보여야 할 것이다.

◎ 여러분의 삶에서 중요한 사람들이 가지고 있는 각기 다른 에너지들을 표현해보세요.

◎ 하나씩 차례로 표현한 다음,
그들의 에너지를 움직여보세요.
음악으로 연주해보세요.
그림으로 그려보세요.

◎ 그들의 에너지가 여러분의 에너지에 어떤 영향을 주었다고 생각하나요?
이제 여러분 자신의 에너지를, 일상적으로 느꼈던 에너지를 연주해보세요.
이런 에너지상태의 좋은 점은 무엇인가요?
이런 에너지상태의 좋지 않은 점은 무엇인가요?

◎ 여러분의 에너지가 어떻게 되길 원하는지 악기로 연주해보세요.

대부분의 시간이 지루하다고 말한 테사는, 엄마의 에너지는 씹혀진 끈 조각으로, 아버지의 에너지는 조용한 호수로 그리고 자신의 에너지는 기름 항아리로 그려냈다.

### ☆ 끈을 놓기와 붙들기

많은 아동이 (그리고 어른들이) '정말로 끈을 놓고 싶다'고 말할 때, 그것은 '여전히 무언가를 붙들고 있으면서 잡고 있는 끈을 놓기'를 원한다는 뜻이다. 이것은 이미 우리가 보았듯이, 끈을 놓는다는 것이 때로 죠와 같은 아동의 마음속에서는 뭔가 나쁜 일이 벌어진다는 것과 연관되어 있기 때문이다. 그러므로 이 연습은 아동에게 양쪽에서 끌어당기는 힘을 인식하게 해주기 위한 것이다.

◎ 여러분이 새처럼 자유롭다면, 그리고 무엇을 하든 야단맞지 않고 하고 싶은 대로 할 수 있다면, 무엇을 할 것인지 그림으로 그려보세요.

◎ 무엇을 할 건가요?

◎ 그것이 어떤 느낌일거라고 상상하나요?

◎ 그것은 얼마나 신나는 느낌일까요?

◎ 그것은 얼마나 두려운 느낌일까요?

◎ 이제 끈을 놓지 못하고 모든 것을 해야 한다는 식으로 사는 여러분을 그려보세요.

◎ 지루하게 느낄 때의 기분을 그려보세요.

◎ 죠와 같이 느낄 때의 여러분을 그려보세요.

### ☆ '나는 엄한 사람, 여러분은 청개구리'

이 연습은 지나치게 착한 아동으로 하여금 굳어진 틀에서 벗어날 수 있도록 돕는 것을 목표로 하고 있다.

나는 엄한 어른 노릇을 할 거예요. 여러분은 내가 무엇을 시키든 '하기 싫어요,' '아니요' 또는 '못 해요'라고 말해보세요.

여러분에게 무엇을 요구하거나 하라고 시키는 어른에게, '네' 하는 대신, '싫어요' 라고 말하는 것이 어떻게 느껴지나요?

### 죠와 같은 아동이 갑자기 자신의 억눌렸던 삶의 에너지를 발견하고 그것을 사용하려고 한다면 어떤 일이 벌어질까?

~~죠와 같이 '피어나지' 못한 아동은 자신의 삶의 힘을 발견할 때, 건설적이기보다는 분노~~하고 반항적이 되거나 파괴적으로 나올 수 있다. 때로는 생생함과 창의성이 즉각적으로 터져 나오는 것처럼 보일 수도 있으나 때로는 이와 반대로 통제력을 완전히 상실한 격노나 분노로 터져 나올 수도 있다.

## 외상으로 인해 불안해하는 아동의 이야기를 어떻게 들어줄 것인가?

아동의 느낌이 '분명 어떠했을 것'이라고 유추하지 말고 들어주라. 예를 들어, '아빠가 떠났을 때 넌 분명 몹시 화가 났을 거야'와 같이 앞서 말하지 않도록 하라. 아동은 전혀 그렇게 느끼지 않을 수 있다! 그 일이 당신에게 일어났을 때 느꼈을 감정을 아동에게 덮어씌우지 말고 명확하게 들어야 한다. 어떤 사람들은 아동의 심리가 어른들과 같을 것이라고 추측하지 않는 일이 매우 어려울 수도 있다.

아동의 감정이 아무리 고통스러운 것이라고 해도, 당신은 '음, 네가 해야 하는 것은 …' 등의 충고로 들어가지 말고 그와 함께 그 감정에 머물러야 한다. 당신의 충고는 아동으로 하여금 감정에서 행동에 대한 생각으로 빠르게 옮겨가기 때문이다. 충고는 당신의 기분을 좋게 만들겠지만 아동의 감정은 닫아버릴 수 있다. 당신은 또한 아동에게 귀를 기울이는 동안 확인을 위한 질문이나 너무 많은 질문을 삼가야 할 것이다.

아동이 그 사건을 어떻게 인식하는지를 당신이 진실로 이해하고 있다는 것을, 어떻게 느꼈을 거라고 말하거나 암시하지 말고 공감을 통해 전달하라. 아동은 이것을 그림이나 이야기로 전달하려고 하기 때문에, 직접적이기보다는 이야기와 은유를 통해서 정확하게 응답하고 공감해주는 것이 좋다.

사람은 감정을 느끼지 않으면서도 몇 시간이고 감정에 대해 이야기할 수 있다. 하지만 이것은 외상의 영향에서 벗어나게 할 수 없다. 그러므로 들어줄 때, 당신은 매우 열려 있고 공감적이며 겁내지 않는 태도로 아동과 함께 머물러줌으로써 아동으로 하여금 감정에 대한 방어를 내려놓을 수 있도록 도와야 한다. 그때 아동은 울부짖거나 두려운 느낌으로 몸을 떨거나 비명을 지를 정도의 강렬한 감정을 표현할 수 있을 것이다. 왜냐하면 그때 그들은 자신들의 감정에서 오는 극도의 긴장을 충분히 견딜 수 있을 만큼 안전하다고 느낄 것이기 때문이다.

# 불안하거나 긴장을 풀지 못하는 아동을 위한 상담과 치료

## 윌리와 같은 아동을 위한 상담

상담이나 치료는 아동으로 하여금 자기 내면의 뒤엉키고 혼란한 감정들을 이해하도록 도울 수 있다. 상담자나 치료사는 먼저 무엇이 그러한 혼란을 일으켰는지를 이해하도록 돕는다. 만약 불안한 아동이 자신의 초조함을 유사 차분함으로 덮기보다는 진정한 내적 차분함을 가진 상담자나 치료사와 함께 작업할 수 있다면, 그는 점차 이러한 경험을 통합하고 스스로 진정시키는 기능을 발달시킬 수 있을 것이다. 이는 아동이 스트레스와 긴장상태를 스스로 진정시키고 편안해질 수 있다는 것을 뜻하며, 또는 진정시켜줄 사람이 필요할 때, 그 사람을 찾아갈 수 있다는 것을 뜻한다.

만일 누군가가 너무 혼란스럽고 압도적인 감정들을 처리하고 생각할 수 있도록 아동을 도울 수 있다면, 그 아동은 엄청난 안도감을 경험할 것이다. 공감적인 사람과 있을 때, 아동은 그저 감정의 홍수에 휩쓸리기보다는 자신의 정서적 경험과 연결될 수 있을 것이다.

이미 말한 바와 같이, 불안한 아동은 적절히 처리되거나 소화되지 못한 감정들로 가득 차 있다. 그러한 감정들을 소화하려면, 도와줄 사람이 필요하다. 자신을 진정시키기 위해 마약이나 술이나 담배를 찾는 성인들은 아동기에 가정이나 학교에서 이러한 도움을 받아본 적이 없는 사람들이기 쉽다. 걱정스럽고 불안한 감정들로 인해 지속적으로 괴로움을 당하는 아동에게, 치료와 상담은 불안 밑에 깔려있는 강렬한 감정들을 바라볼 수 있게 해주는 안전한 공간이 될 것이다.

아동이 미로같이 복잡한 감정 속에서 길을 잃거나 압도되었다고 느낄 때, 그런 고통스러운 감정을 진정으로 이해해주고 자신을 대신해서 생각해주는 사람, 즉 자신은 견딜 수 없다고 느껴지는 혼란과 불안의 긴장을 견뎌줄 수 있는 사람과 함께 있다는 것은 그에게 매우 안전한 느낌을 줄 것이다. 이러한 도움은 아동으로 하여금 보다 강한 자기를 확립하도록 도울 것이다. 정신분석가인 위니캇은 그의 내담자인 한 아동치료사에 대해 다음과 같이 말한 적이 있다. '가브리엘은 이제 혼란함과 더러움 … 자제심 없음과 광기를 견디는 나의 능력을 통해서 점점 더 자신감을 얻어가고 있었다'(위니캇, 1980, p105). 이것은 결과적으로 아동이 그런 감정들을 스스로 더 잘 관리할 수 있게 된다는 것을 뜻한다.

아동이 외상 후 스트레스로 불안해하고 있다면, 상담이나 치료는 필수적이다. 아동이 살아가면서 주요 외상에 사로잡히지 않고 이것을 처리하고 극복하도록 하기 위해서는 매우 특별한 관심이 요구된다. 그러므로 보통은 숙련된 상담가나 심리치료사를 필요로 한다.

## 죠와 같은 아동을 위한 상담

치료가 제공되지 않은 경우, 아동은 종종 내면화된 박해자-마음속에서 '해야 돼' 혹은 '하면 안 돼'라고 말하는-에 의해 계속해서 지배된다. 그들은 그 목소리들에 대해 생각해보는 일없이 그대로 복종한다. 이제 그 목소리들은 군림하게 된다. 아무런 도전이 없는데 왜 안 그렇겠는가? 예수회 수사들은 '우리에게 다섯 살 이하의 아동을 달라. 그러면 우리는 그 아이를 평생 소유할 것이다'라고 말한 바 있다. 그리고 만약 아동이 열정적인 감정의 불꽃을 너무 오랫동안 억누른다면, 그 불꽃은 사그라질 수 있을 것이다.

초기의 조건화, 또는 순응과 연결된 습관적인 행동, 강렬한 감정에 대한 방어, 항상 모범적인 행동을 해야 하고 결코 실수를 해서는 안 된다는 생각 등은 아동의 두뇌 회로로서 자리 잡을 수 있다. 이렇게 확립된 삶의 방식은 극도로 깨뜨리기 힘들 수 있다. 그러나 다행스럽게도 아동이 긍정적이고 개방적이며 강력한 관계를 경험한다면, 정서적인 뇌 상부의 특정 부위에 새로운 신경회로의 연결이 형성되는 변화가 일어날 수 있다. 치료사는 이러한 경험들을 제공할 수 있다.
(보다 자세한 내용은 Siegel, 1999; Schore, 1994를 참조하라.)

> 심리치료는 놀이의 두 영역, 즉 환자의 놀이와 치료사의 놀이가 겹치는 곳에서 일어난다. 심리치료는 함께 노는 두 명의 아이와 관련되어 있다. 이 말이 의미하는 것은 치료사의 작업은 놀이가 불가능한 상태에서 놀이가 가능한 상태로 환자를 데려오는 것을 목표로 한다는 것이다. (위니캇, 1971, pp38-52)

# 추천도서 한국심리치료 연구소

- **참자기**(제임스 F. 매스터슨, 2000)
- **그림놀이를 통한 어린이 심리치료**(도널드 위니캇, 1998)
- **놀이와 현실**(도널드 위니캇, 1997)
- **유아의 심리적 탄생**(마가렛 말러, 프렛 파인, 애니 버그만, 1997)
- **박탈과 비행**(도널드 위니캇, 2001)
- **성숙과정과 촉진적 환경**(도널드 위니캇, 2000)
- **울타리와 공간**(마델레인 데이비스, 데이빗 월브릿지, 2002)
- **살아있는 동반자**(앤 알바레즈, 2006)
- **교육, 허무주의, 생존**(데이빗 홀브룩, 2001)
- **신데렐라와 그 자매들**(앤 · 베리 울라노프, 1999)

# 참고문헌


Alvarez A. 1971, The Savage God: A Study of Suicide, Penguin, Harmondsworth.

Alvarez A, 1992, Live Company, Routledge, London.
살아있는 동반자, 한국심리치료연구소, 2006

Alvarez A, 1997, lecture given at 'Baby Brains' conference, Tavistock Clinic, London, July.

American Psychiatric Association, 1994, Diagnostic and Statistical Manual of Mental Disorders: DSM - IV 4th edn, American Psychiatric Association, Washington.

Andersen HC, 1994, Hans Andersen's Fairy Tales (Lewis N, trans), Puffin, Harmondsworth.

Auden WH& Kronenberger L, 1964, The Faber Book of Aphorisms Faber & Faber, London.

Balint E, 1993, Before I Was I: Psychoanalysis and the Imagination (Mitchell J & Parsons M, eds), Free Association Books, London.

Balint M, 1955, 'Friendly Expanses - Horrid Empty Spaces', International Journal of Psycho - Analysis 36(4/5), pp225 - 41.

Bennett A, 1995, The Madness of King George, Faber & Faber, London.

Blume ES, 1990, Secret Survivors: Uncovering Incest and its Aftereffects in Women, John Wiley, Chichester/New York.

Bowlby J, 1973, Attachment and Loss: Volume 2 - Separation, Anxiety and Anger, Hogarth Press, london.

Bowlby J, 1988, A Secure Base: Clinical Applications of Attachment Theory, Routledge, London.

Carroll L, 1953, Letter of 21 May in The Diaries of Lewis Carroll (ed RL Green), Volume One, London.

Carroll L, 1994, Alice's Adventures in Wonderland, Puffin, Harmondsworth (Originally pulished 1865).

Clarkson P, 1988, 'Ego State Dilemmas of Abused Children', Transactional Analysis Journal 18(2), pp85 - 93.

Clarkson P, 1989, Gestalt Counselling in Action, Sage, London.

Clarkson P, 1994, The Achilles Syndrome: Overcoming the Secret Fear of Failure, Element, Shaftesbury.

Cook D, 1991, Second Best, Faber & Faber, London.

Costello D, 1994, Personal communication.

Ehrenzweig A. 1971, The Hidden Order of Art: A Study in the Psychology of the Artistic Imagination, University of California Press, Berkeley/Los Angeles.

Fenichel O, 1990, The Psychoanalytic Theory of Neurosis, Routledge, London.

Freud S, 1917, 'General Theory of the Neuroses', in Introductory Lectures on Psyhoanalysis, Vol of The Penguin Freud Library (Richards A & Strachey J, eds, Strachey J, trans) (1973) Penguin, Harmondsworth.

Freud S, 1923, 'Neurosis and Psychosis', pp209 - 18 in On Psychopathology, Inhibitions, Symptoms and Anxiety, Vol 10 of The Penguin Freud Library (Richards A & Strachey J, eds, Strachey J, trans), Penguin, Harmondsworth.

Freud S, 1926, 'Inhibitions, Symptons and Anxiety', pp237 - 333 in On Psychopathology, Inhibitions, Symptoms and Anxiety, Vol 10 of The Penguin Freud Library, (Richards A & Strachey J, eds, Strachey J, trans), 1979, Penguin, Harmondsworth.

Glucksman M, 1987, 'Clutching at Straws: An Infant's Response to Lack of Maternal Containment', British Journal of Psychotherapy, 3(4), pp347 - 49,
Goldman D, 1993, In One's Bones: The Clinical Genius of Winnicott, Jason Aronson, Morthvale, NJ.
Goleman D, 1996, Emotional Intelligence, Bloomsbury, London.
Hargreaves R, 1978, Mr. Rorry, World, Manchester.
Herman N, 1987, Why Psychotherapy?, Free Association Books, London.
Herman N, 1988, My Kleinian Home: A Journey Through Four Psychotherapies, Free Association Books, London.
Hopkins GM, 1985, Poems and Prose, (Gardner WH, ed), Penguin, Harmondsworth.
Johnson SM, 1994, Character Styles, Norton, New York.
Kahn MMR, 1991, Between Therapist and Client: The New Relationship, WH Freeman, New York.
Klein M, 1932, The Psychoanalysis of Childhood, Hogarth Press, London.
Kohut H, 1984, How Does Analysis Cure?, University of Chicago,m London/Chicago.
자기의 치료, 한국심리치료연구소, 2007
Kohut H & Wolf ES, 1978, 'The Disorders of the Self and Their Treatment', International Journal of Psycho - Analysis, 59, pp413 - 24.
Little M, 1990, Psychotic Anxieties and Containment: A Personal Record of an Analysis with Winnicott, Aronson, Northvale, NJ.
McDougall J, 1989, Theatres of the Body: A Psychoanalytical Approach to Psychosomatic Illness, Free Association Books, London.
MacLeod S, 1996, 'The Art of Starvation', Dunn, S, Morrison B & Roberts M (eds), Mind Readings - Writers' Journeys Through Mental States, Minerva, London.
Maslow AH, 1971, The Farther Reaches of Human Nature, Viking Penguin, New York.
Miller A, 1990, Thou Shalt Not Be Aware: Society's Betrayal of the Child, Pluto, London.
Milner M, 1987, The Suppressed Madness of Sane Men, Tavistock, London.
Nietzsche F, 1993, The Sayings of Friedrich Nietzsche (Martin S, ed) Duckworth, London.
Odier C, 1956, Anxiety and Magical Thinking, International Universities Press, New York.
Panksepp J, 1998, Affective Neuroscience, Oxford Umiversity Press, New York.
Phillips A, 1996, 'The Disorder of Uses; A Case History of Clutter', Dunn S, Morrison B & Roberts M (eds), Mind Readings - Writers' Journeys Through Mental States, Minerva, London.
Quiller - Couch A, 1979, The Oxford Book of English Verse 1250 - 1918, Oxford University Press, Oxford.
Rilke RM, 1939, The Duino Elegies, (Leishman JB& Spender S, trans), WW Norton, New York.
Rowan J, 1986, Ordinary Ecstasy: Humanistic Psychology in Action, Routledge & Kegan Paul, London.
Rycroft C, 1988, Anxiety and Neurosis, Maresfield, London.
Salinger JD, 1951, The Catcher in the Rye, Penguin, Harmindsworth.
Schore A, 1994, Affect Regulation and the Origins of the Self - The Neuro - biology of Emotional Development, Lawrence Erlbaum Associates, New Jersey.
Segal J, 1985, Phantasy in Everyday Life: A Psychoanalytical Approach to Understanding Ourselves,

Penguin, Harmondsworth.
Shah I, 1966, The Exploits of the Incomparable Mulla Nasrudin, Picador, London.
Siegel DJ, 1999, The Developing Mind, The Guldford Press, new York.
Stern DN, 1985, The Interpersonal World of the Infant, Basic Books, New York.
Sunderland M, 1993, Draw On Your Emotions, Speechmark Publishing, Bicester.
Sunderland M, 2000, Using Story Telling as a Therapeutic tool with Children, Speeechmark Publishing, Bicester.
Thomas D, 1995, 'Under Milk Wood' in The Dylan Thomas Omnibus, Phoenix, London.
White A, 1979, Beyond The Glass, Virago, London.
Wickes FG, 1988, The Inner World of Childhood: A Study in Analytical Psychology, 3rd edn, Sigo Press, Boston, MA.
Williams G, 1997, Internal Landscapes and foreign Bodies, Tavistock, London.
Winnicott DW, 1960, The Family and Individual Development, Tavistock, London.
Winnicott DW, 1971, 'Playing: A Theoretical Statement', in Playing and Reality, Tavistock, London.
놀이와 현실, 한국심리치료연구소, 1997
Winnicott DW, 1980, The Piggle: An Account of the Psychoanalytic Treatment of a Little Girl, Penguin, Harmondsworth.

# 마음이 아픈 아동을 위한 책

**글 마곳 선더랜드, 그림 니키 암스트롱**

아름다운 그림을 곁들인 다음 동화책들은 아동이 삶에서 겪는 문제들을 도와주기 위해 계획되었다. 동화에 나오는 이야기들은, 어린이들이 자신의 감정에 대해 느끼고 생각하도록 도와줄 것이다. 이 동화책들을 활용하기 위해서는 동화책마다 함께 곁들인 가이드북이 꼭 필요하다. 이 시리즈는 주로 아동을 대하는 전문가들을 위한 것이지만, 아동과 효과적으로 의사소통할 방법을 찾는 부모들에게도 매우 귀중한 자료가 될 것이다.

## 스토리텔링을 통한 어린이 심리치료

이 실용적인 지침서는 스토리텔링의 치료적 가치에 대한 철학적, 심리학적 근거로부터 시작한다. 이 책은 스토리텔링을 아동 심리치료에 활용하는 방법과, 아동이 이야기할 때 효과적으로 반응하는 방법을 소개하고 있다. 마음이 아픈 아동을 위한 책 시리즈에 필수적으로 포함되어야 하는 이 책은, 다음과 같은 주제들을 다루고 있다.

◆ 스토리텔링은 왜 마음이 아픈 아동을 돕는데 그토록 효과적인가

◆ 스토리텔링을 통한 심리치료에서는 어떤 자원들이 필요한가

◆ 아동을 위한 치료적 이야기를 어떻게 구성할 것인가

◆ 아동이 자신의 이야기를 들려줄 때는 어떻게 해야 하는가

◆ 아동의 이야기를 다룰 때 어떤 말을 하고 어떤 활동들을 할 수 있는가

132쪽, A4, 도판

## 너무 반듯한 죠

**강박증에 시달리는 아동을 도우려면**

윌리는 이 세상이 언제 무서운 일이 일어날지 모르는, 매우 안전하지 못한 곳이라고 생각하는 불안한 소년이다. 옆집에 사는 죠는 삶을 진정으로 즐기지 못하는, 지나치게 단정하고 틀에 박힌 소년이다. 윌리는 뭔가 확고한 것을 원하는 반면, 죠는 뭔가 흔들리는 것을 원한다. 어느 날 그들은 플롭 부인으로부터 그처럼 감정을 참고 살 필요가 없다는 말을 듣는다. 그녀의 충고에 따라 웅덩이 사람들을 찾아간 윌리와 죠는, 그들의 도움으로 굳어진 삶의 방식을 깨고 훨씬 풍요로운 삶의 방식을 발견하게 된다.

동화책: 32쪽, A4, full color
가이드북: 60쪽, A4, 도판

## 달님을 사랑한 프록이

**그리움 속에 사는 아동을 도우려면**

프록이는 달님이 미소 짓는 것을 한 번 보고는 그만 사랑에 빠져버렸다. 그 후로 그는 달님만을 바라보고 생각하며 모든 시간을 보냈다. 그는 달님이 다시 한 번 웃어주기를 기다리고 또 기다렸다. 그러던 어느 날, 친절하고 지혜로운 까마귀는 프록이가 얼마나 자신의 삶을 낭비하고 있는지 깨닫도록 도와준다. 마침내 프록이는 큰 결심을 하고 달님으로부터 고개를 돌린다. 그 때 그는 엄청난 공허감과 외로움을 느낀다. 그는 아직 자신의 반대쪽에 무엇이 있는지를 모르고 있었다. 주위를 둘러보았을 때, 그는 눈에 들어오는 모든 것으로부터 기쁨을 느꼈다. 그는 가망 없는 것을 얻기 위해, 너무나 많은 것들로부터 등을 돌리고 있었던 것이다.

동화책: 32쪽, A4, full color
가이드북: 48쪽, A4, 도판

## 마음을 숨기는 찬이

**감정을 억누르는 아동을 도우려면**

찬이는 어떤 일을 당해도 꿋꿋이 버틴다! 험한 일을 당할 때마다 그는 용감하게 '난 괜찮아'라고 말한다. 그는 온갖 좌절과 실망을 맛보고, 괴롭힘을 당하지만 그 때마다 감정을 억누르고는 버텨나간다. 그러나 그는 결국 너무 많이 억누른 감정의 덤불에 갇혀 꼼짝도 못하게 된다. 더구나 억눌렸던 감정들은 다른 사람들을 해치는 방식으로 새어나오기 시작한다. 다행히 그는 멧새의 도움으로, 감정이란 소중한 것이며 무시해서는 안 된다는 것을 알게 된다. 그리하여 찬이는 자신의 감정을 표현하는 방법과 자신을 옹호하는 방법을 배우게 된다.

동화책: 36쪽, A4, full color
가이드북: 48쪽, A4, 도판

## 꿈을 이룬 콩이

**꿈과 희망을 잃은 아동을 도우려면**

콩이는 꿈을 가진 완두콩이다. 그녀는 완두콩으로서 아주 멋진 삶을 살려는 꿈을 가지고 있다. 그러나 콩이에게 사람들은, 그녀는 그저 평범한 완두콩에 지나지 않기 때문에 그런 꿈을 갖는 것은 부질없는 짓이라고 말한다. 꿈을 접고 다른 완두콩들처럼 평범하게 산다는 것을 받아들일 수 없었던 콩이는, 그래서 몹시 외로운 길을 가게 된다. 그러던 중, 어떤 친절한 사람의 도움으로 콩이는 마침내 자신이 늘 꿈꾸어 왔던 것을 이루어낸다.

동화책: 28쪽, A4, full color
가이드북: 37쪽, A4, 도판

## 꼬마 깡패 아롬이

**마음이 굳어진 아동을 도우려면**

아롬이는 매우 사랑스럽고 마음이 따뜻한 아이였다. 그러나 누군가가 그만 그의 마음에 아주 심한 상처를 주었다. 그 상처가 너무나 아파서 그는 다시는 아무도 사랑하지 않기로 결심을 한다. 숲 속에서 만난 크고 거친 깡패 형들은, 그에게 더 이상 마음의 상처를 입지 않도록 마음을 단단하게 하는 방법을 가르쳐준다. 아롬이는 다른 사람을 괴롭히는 꼬마 깡패가 된다. 처음에 그는 아주 강력한 힘을 가진 것처럼 느끼지만, 점차 세상이 삭막한 회색빛으로 변해가는 것을 깨닫는다. 운 좋게도 아롬이는 들꽃과 동물친구들의 도움으로, 마음을 단단하게 만들지 않고도 자신을 보호할 수 있는 방법을 발견한다.

동화책: 44쪽, A4, full color
가이드북: 60쪽, A4, 도판